OCEANO SYTHICO
SCRIFNIA
LAPON
CERELT
NOGAI
GOTIA
MOSCOVIA
LIVONIA
POLONIA
POMERANIA
RUSSIA
BULGARIA
CIRCASSIA
BIZERMI DESERTO
BERGA
MONGAL
MAR MAZOR
GIORGIA
MAR CASPIO
BACHAU
ARMENIA
MARE MEDITERANEO
EGITTO
DESERTO DE BARCHA
PERSIA
GOLFO PERSICO
ETIOPIA
GAGO
GVINEA
MANICONGO
MELINDI
Zanzibar
Comora

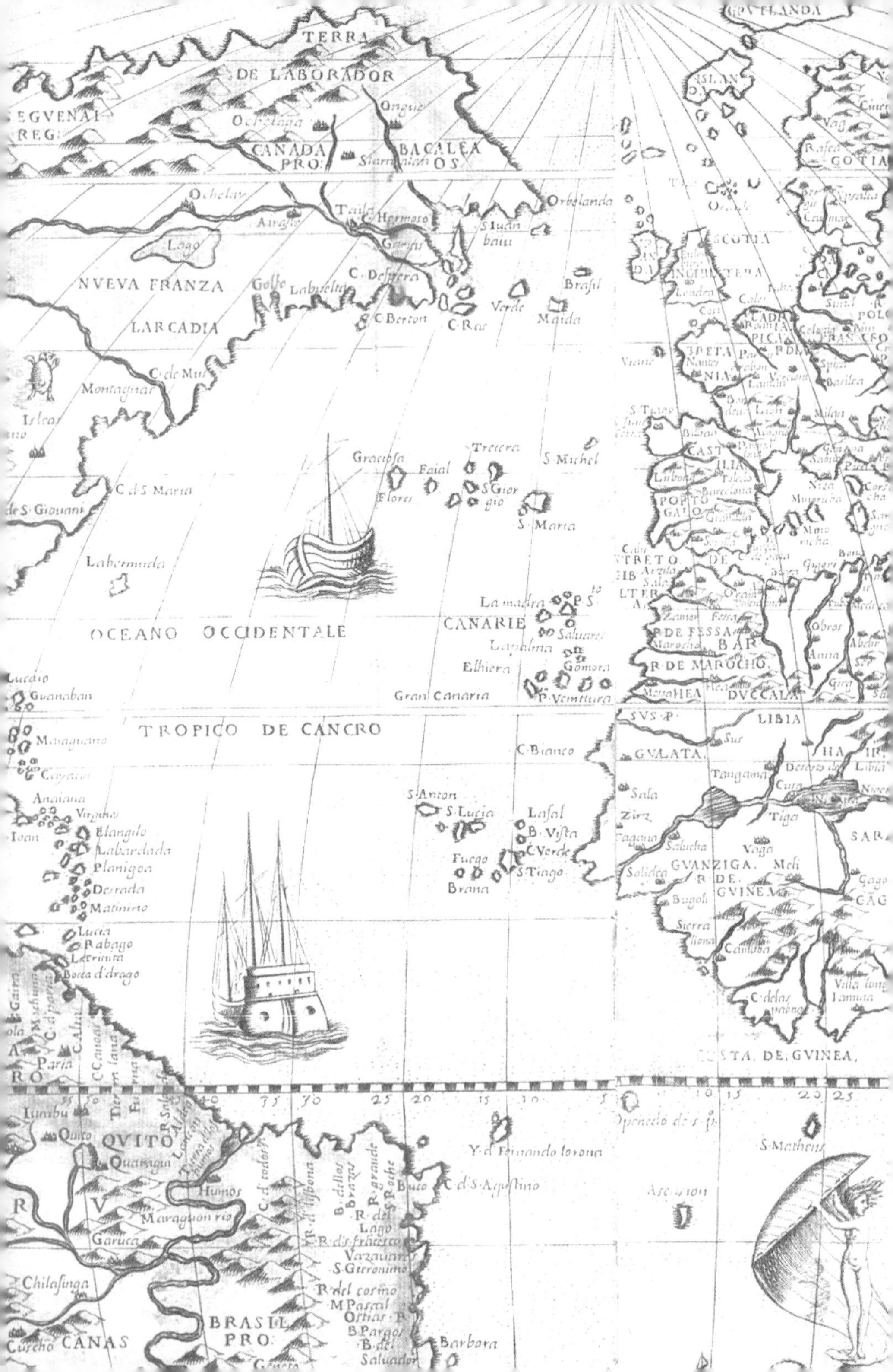

TERRA
DE LABORADOR
CANADA PRO
BACALEA OS
NVEVA FRANZA
LARCADIA
OCEANO OCCIDENTALE
CANARIE
TROPICO DE CANCRO
ISLANDA
SCOTIA
INGHILTERRA
CASTILIA
PORTOGALO
R DE FESSA
R DE MAROCHO
LIBIA
GVANZIGA
R DE GVINEA
COSTA DE GVINEA
QVITO
BRASIL PRO
CANAS
Labermuda
Gran Canaria
C·Bianco
S·Matheus

從領土變遷看世界史

用14組地圖看懂當今區域紛爭與國際衝突

八幡和郎＿＿＿＿著　郭子菱＿＿＿＿譯

前言——國土框架會塑造歷史

世界史中所發生的戰爭，大多都是因為領土問題而起。當然也會有一些宗教上的紛爭，或以人質解放、確保資源運輸路線為目的之戰爭。再者，也有像特洛伊戰爭這種為了奪回女人而戰，抑或是宏都拉斯與薩爾瓦多之間的足球戰爭等等。而幾乎可說是極度例外的兩次世界大戰，其開端就必須追溯到從中世紀開始持續對立的法德國境問題。

從世界史的角度來看，以領土為主引發的戰爭佔壓倒性多數。

事實上，人民往往都是為了毫無經濟價值的小島而點燃戰爭火苗。

「國土」這個框架，會改變人民意識與社會原本的狀態。如日本和英國這樣的島國，民族性自然會跟俄羅斯這般的大陸國家不同；而像法國這種糧食自給豐富的國家，其社會形態跟西班牙這類全境土地貧瘠的國家也有差異。還有從過去就一直受到北方民族入侵影響的中國人民之間，也存在以萬里長城為界線，內與外的意識形態。

如此這般，由國土這個框架所形成的民族意識偶爾會發生磨擦，進而演變成領土問題，甚至引發以領土為終極目標的戰爭。

本書將介紹曾經為世界霸主的十四個國家，並用領土做出發點導入各國歷史。其中的詳細內容，亞洲地區會從日本、其周圍國家的韓國與中國、南亞的印度、位於歐亞大陸北部的俄羅斯，以及第一次世界大戰之前曾經身為中心國家的鄂圖曼帝國之發展與解體過程，其後又如何被伊斯蘭世界諸國取代，進而提到以色列。歐洲地區則講解曾為殖民帝國的英國、法國、德國、荷蘭、西班牙、葡萄牙（包含巴西），最後再說明新世界移民國家美利堅合眾國。

關於日本的部分，我已經出版過一本名為《領土問題要用「世界史」來解》的書籍，而本書會以此為著眼點，進一步擴展到全世界。除此之外，我也會思考一些

IS（伊斯蘭國）等現今世道沸騰的問題，並以此為基礎整理出相關情報。

本書的目的，是期望在了解當今社會之時，也能正確理解各個國家的歷史演變。

為此，我會盡可能使用大量容易理解的地圖來顯現領土的變遷。

現在讓我們透過地圖，一起思考這個牽動國際社會最關鍵的領土問題。

CONTENTS

第2章 韓國・朝鮮……37

第3章 中國……59

第6章 俄羅斯……109

第7章 印度……131

第14章 美國……259

第 1 章

日本

正式名稱．英語正式名稱

日本國．Japan

別國語言的稱呼

Japan（英）、Japon（法）、일본（韓）、
Japón（西）、Japan（德）

首都

東京

語言

日本語

面積

三十七萬平方公里

人口

一億兩千六百八十五萬人

貨幣

（日圓）

國旗

日之丸．日章旗（將太陽圖式化）

國歌

君之代（天皇永世長存）

宗教

神道教百分之五十一、佛教百分之三十八

民族

日本人百分之九十九

國慶日

十二月二十三日（天皇生日）

圖1　日本國家的成立

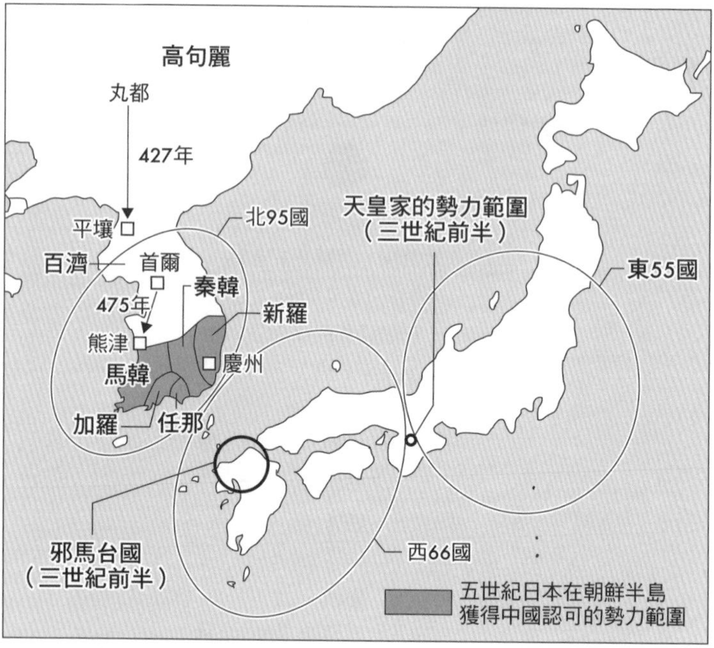

圖2　神武天皇到崇神天皇年間的天皇家勢力範圍

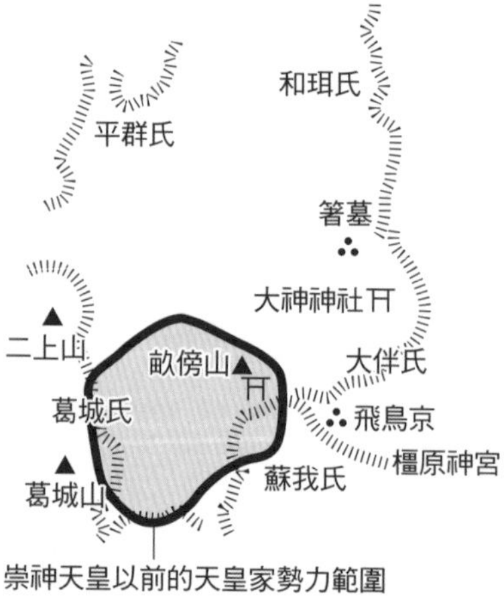

圖3　東北經營的進展

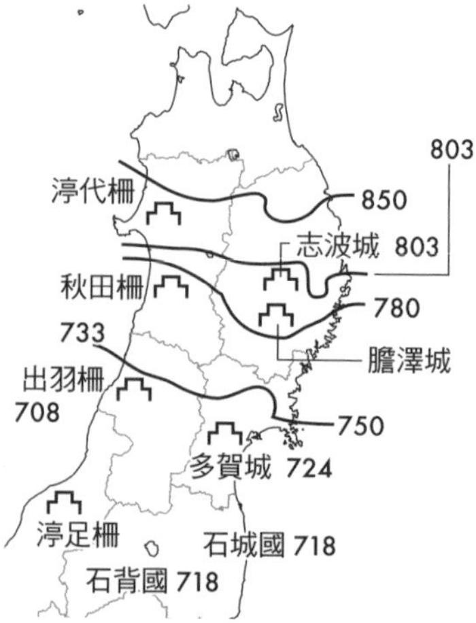

圖4　戰前與戰後的日本地圖

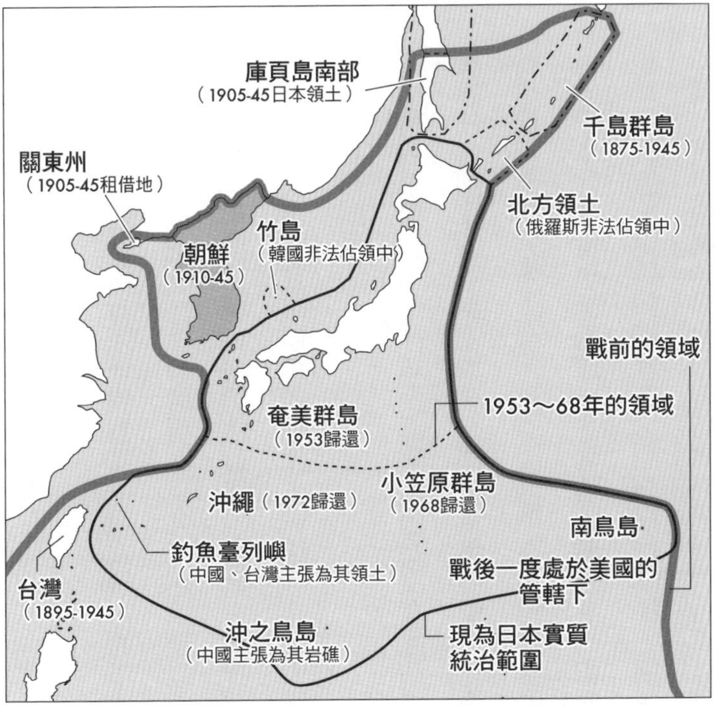

圖5　琉球群島的各島與釣魚臺列嶼

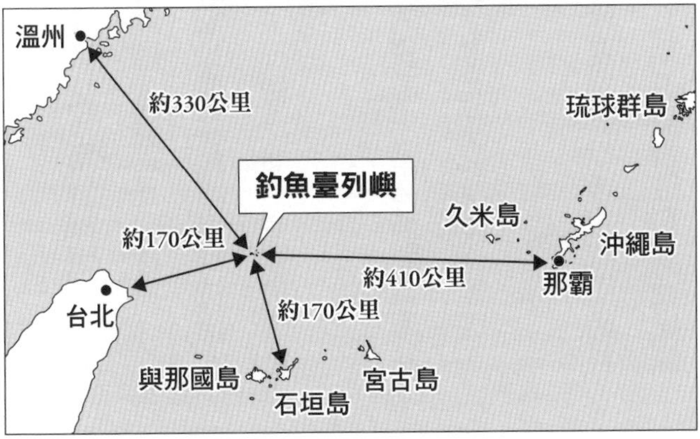

※ 取自八幡和郎著作《領土問題要用「世界史」來解》

領土與國境的概念何時形成

地球上幾乎所有陸地成為任一國家領土的年代都沒有多久遠。舉例來說，只要看看古非洲的地圖，就會發現在十九世紀中期以前，所有地區大致都是一片白。直到一八七八年俾斯麥召開柏林會議，表示「領有海岸的國家只要能夠承擔維持治安的責任，就可以宣布佔有內陸領土」後，非洲大陸才變成了一個「面」，並由顏色明確地劃分開來。

再者，過去太平洋眾多島嶼都因為沒有能夠成為金錢的資源，常常被認為不歸屬於任何國家的「無主地」。即使當年荷蘭人先發現澳洲，該地也完全不受重視，就這樣被擱置下來，不久後才由英國人宣稱領有該領土。

日本的國境也是如此，一直到黑船入港，和列強諸國締結條約以後才有明確且精準的範圍。至於與俄羅斯之間的複雜關係，則在一八五五年簽訂日俄和親通好條約後，規定得撫島以北的千島歸俄羅斯，而庫頁島（日稱樺太）雖然當時是兩國共有，但進入明治時期後日本就割讓出庫頁島，使俄羅斯得以獲取得撫島到占守島之間的北千島區域（一八七五年）。

另一方面，小笠原群島原屬於無人島，偶爾會有一些歐美的捕鯨船停靠，這些南方島嶼我會在後面詳細說明。在一八五七年培理登陸小笠原之前，島嶼上住有一些美國人，而後日本努力將其取回，並於一八七六年向各國宣布統治權。

至於和中國之間，因為透過近代法整合了「冊封」（由中國皇帝任命獨立國國王的形式關係）這種東方獨特的秩序後，終於劃分出位置。中國雖想藉此主張與朝鮮、越南、琉球等三個保護國的特別關係，卻不被歐美諸國認同。

當時中國和日本、沖繩之間發生一八七一年「宮古島島民台灣遇害事件」，是指漂流到台灣的五十名沖繩宮古人，被當地的原住民（生番）殺害的事件。儘管日本提出抗議，清朝卻以「此為化外之地」（並非統治範圍）說詞直接拒絕承擔責任。日本據此判斷這是清朝放棄台灣領土管轄責任的舉動，便對台灣出兵，清朝才因此承認對台灣的監督責任，以及宮古為日本領土一事，最終獲得了清朝的賠償。

此時，關於造成現今日本國境紛爭之導火線的竹島（韓稱獨島）和釣魚臺列嶼（日稱尖閣群島），無論是日韓、日中之間，大家都認為這些是自己的領土。在那之後，日本根據國際法的規定，分別於甲午戰爭及日俄戰爭中，領有釣魚臺列嶼與竹島。

經過這兩次戰爭，日本併吞了朝鮮半島與台灣，租借了中國本土的關東州，並獲得庫頁島南部的領土。之後又在第一次世界大戰結束後，原本為德國領地的南洋群島成了國際聯盟委交日本管理的區域。

然而由於太平洋戰爭的失敗，日本領土恢復成中日、日俄戰爭以前的狀態，而沖繩和小笠原也轉成由美軍管治。再加上北方四島與竹島分別被蘇聯（現在的俄羅斯）及韓國非法佔領，儘管日本擁有釣魚臺列嶼的實質支配權，中國和台灣卻都主張其為自己的領地（圖四）。

以上就是日本領土問題的歷史性概觀。

現在讓我們回溯時代，更詳細地來看。

畿內國家朝東日本、西日本及朝鮮半島擴大領土

古代日本人是如何判斷自己國家的領土範圍，我們可以從《古事記》中國家誕生的神話得知，最先出現的是淡道之穗之狹別島（淡路島），接著是四國、隱岐、九州、壹岐、對馬、佐渡，再來為大倭豐秋津島（本州）、大八島國。最後，生成了兒島半島（岡山縣）、小豆島、周防大島、姬島（大分縣）、五島列島、男女群島（長崎縣）。

這個國家誕生神話故事是由何時開始已不可考，但能夠了解從飛鳥時代到奈良時代（七～八世紀），日本人已經抱有這樣的國土觀念。

然而若從海外的文獻考察，就還有更早的紀錄，即四世紀時積極派遣使節到當時為南朝劉宋的「倭五王」之一——被認為可能是雄略天皇的倭王武於四七八年送到劉宋皇帝手上的上表文（《宋書》夷蠻傳），簡單節錄於下。

「從前我們的祖先自己穿上盔甲，橫越山川，沒有一天得以安寧，向東征服毛

人（蝦夷）建立五十五國，向西征服眾夷（熊襲或隼人）建立六十六國，向北橫渡海洋，平定多達九十五國」（圖一）

換句話說，大和朝廷以列島為中心，分別向東和西各收整了約相同程度的領地，而關於「向北橫渡海洋」，我們可以很驕傲地認為大和朝廷當時甚至把朝鮮半島中首爾（舊名漢城）附近以南的區域也收服了。

這件事情是五世紀時雄略天皇認定自己祖先所建立的大和政權即為畿內政權的證據，換言之，大和朝廷並不是從九州東遷而來。雖然被稱為神武天皇的祖先有可能是九州出身，但無論在《古事記》或《日本書紀》中，都沒有提到神武天皇是九州王者或該國征服了畿內等事情。

史書上有記述的，只有比三世紀卑彌呼還要晚一個世代左右的崇神天皇統一了大和，並將勢力拓展到吉備和出雲一帶。而景行天皇和其子日本武尊，將勢力擴展到九州部分區域及關東地區，後來日本武尊的兒子仲哀天皇及神宮皇后則延伸到筑紫地區，成立了統一國家。神武天皇為崇神天皇的祖先，在歷史上被認定為首位於大和地區建立小國家的人物（圖二）。

回到先前上表文的話題，雄略天皇的祖先拓展了日本統轄的範圍，將朝鮮半島南部也納入支配。無論當時的統治是否穩固，既然已經對中國皇帝明說該地區為自己的統治範圍，應該是真有其事吧。

接著，雄略天皇又上表了以下內容——「近年來，由於高句麗（首爾周遭地區）遭受侵略而引起暴動，導致我方沒有辦法將使節安全派遣到南京，感到極為困擾」、「如果皇上能靠德政平息高句麗並恢復和平的話，我們也會持續向皇帝進貢」、「我已將自己任命為『使持節都督、倭・新羅・任那・加羅・秦韓（辰韓）・慕韓（馬韓）六國諸軍事』，還請您事後認可。」

然而對於「諸軍事」（承認軍事支配權的區域）的對象，劉宋皇帝只承認百濟以外的地區。既然劉宋接受了雄略天皇的要求，中日交流應該會一舉擴大，不過當時百濟已經派遣獨立的使節到劉宋，總不可能承認自己是在日本的完全支配底下吧！因此，雄略天皇拒絕了和中國之間的直接交流，他判斷如果只是輸入文物，透過百濟進行間接交流已經足夠。

後來，日本失去了朝鮮半島的支配權，曾經為友好國的百濟也滅亡，整個半島都納入中國的勢力版圖，其詳細原委我會於韓國章節說明。

江戶時期允許俄羅斯入侵的無能幕府

在日本古代的終章，對馬海峽已經成為日本西方的國境。另一方面，列島東北部則因為稻作持續東進，大和朝廷的勢力亦隨之擴大。身為渡來語系的彌生人利用稻作技術開發邊疆，而身為原住民的繩文人也開始學習稻作，因此造成稻作東進。

另外，彌生人建立的國家之所以會納入大和朝廷底下，跟大和朝廷在擴大統治後進行遷移也有關連。無論何者，在確立律令制之前，我們可以看到大和朝廷間接支配了各個地方的豪族（圖三）。

奈良時代大和朝廷幾乎掌控了位於仙台郊外的多賀城周圍，平安時代初期由於坂上田村麻呂的活躍延伸到岩手縣，進入鎌倉時代後，整個本州已都在統治底下。

話雖如此，當時他們並不認為南方各島及北海道以北是屬於外國領土。在《平家物語》中，於源平合戰失敗的平宗盛，曾說過「就算是待在蝦夷居住的千島，我也想要生存下去」，來乞求對方饒命，這裡所講的千島也許就包含北海道；到了鎌倉時代，據說大家都已經認為阿伊努族所居住的北方島嶼隸屬於日本管轄。

所謂「古代蝦夷人」大多是繩文人的子孫，然而隨著他們漸漸接受渡來語系的文化，自然也出現混血。大和人在北海道統治的萌芽可以從鎌倉時代反映出來，而青森縣的安東氏開始與阿伊努人進行交易統治，遷居至北海道南部的和人因此逐漸增加。為了阻止和人（大和民族的通稱）擴張勢力，他們雖然在一四五七年發起反抗，也就是「坷相曼夷之戰」，然而若狹武田氏的武田信廣（一四三一～九四）很快就討伐了坷相曼夷，其子孫為日後成為江戶大名的松前氏。

松前氏在一七〇〇年時撰寫了包含庫頁島地區的蝦夷地區地名傳《松前島鄉帳》，並將其提交給幕府，而一七一五年時他就向幕府提出「十州島（北海道）、樺太、千島群島、勘察加」為松前藩領地。

可是日本人並沒有在寒冷地區生活的本領，再加上江戶幕府的保守經濟政策導致北方開發停滯，等於允許了俄羅斯的侵入。關於這部分，我會於介紹俄羅斯的章節解說。

曾經「共屬」於中國和日本的琉球

包含沖繩的琉球群島（日稱南西諸島）居民，原本都是屬於繩文系的人們。奈良時代的執政者雖然也想將沖繩納入勢力範圍，但有確立農業社會的只有屋久島和種子島以北，以南都還在律令制的管治下，沒有設立地方組織。順帶一提，若遣唐使船隻順流南下，大多會停靠在沖繩周圍；以日本為目標的鑑真和尚（六八八～七六三），聽說他最初到達的地方也是沖繩本島。

在那之後，從平安時代結束開始，許多南九州的移民將農業技術引進沖繩，國家開始成立。在琉球王國的正史中，身為沖繩（琉球）最初統治者的舜天王（一一六六～一二三七？）被認定是源為朝之子，這也是那段歷史「記憶」所留下來的痕跡吧。

在沖繩的三國分立時代，明朝洪武帝（明太祖）派遣使節給中山王國的察度王（一三二一～九五），敦促他進行朝貢，後被冊封為中山王（一三七二年）；南山王國與北山王國的國王也相繼跟進。所謂被冊封，即是被中國皇帝任命為王，並以朝貢的形式獻上貢品，再從中國那裡獲得好幾倍以上價值的恩賜品。

此外，當時的沖繩並沒有可以用漢字寫出文書的官員，因此就從福建省得到三百個家族的人力。沒想到其後這些人在琉球王府中成為獨占性的官僚集團，造成很多麻煩。

那時日本正處於南北朝時代，即使是本土地區，中央的權威也完全沒有傳達到各地方，日本和琉球之間的關係也無法穩定地維持下去。不過在豐臣秀吉統一天下以後，薩摩的島津氏發出命令，要求琉球也必須為朝鮮遠征履行兵役。儘管中國籍琉球官員感到十分驚訝並向北京報告，但也沒有拒絕秀吉的要求。後來他們向島津氏要求代墊琉球應負擔的部分軍資，而且沒有歸還。

接著德川家康取得天下，家康為了彌補島津氏從朝鮮撤退引發的財政損失，就對琉球沒有歸還代墊軍資一事進行懲罰，允許島津氏進攻琉球。一六〇九年，薩摩軍沒兩三下就席捲了沖繩（琉球征伐），結果琉球王國淪為薩摩的保護國一般的存在，從奄美大島到與那島都由薩摩直接支配。

然而，琉球王國與中國之間還存在冊封關係。有人說這是同時隸屬於兩個國家，但這又有一些不同。琉球王國實質上是薩摩的保護國，卻因為被中國皇帝冊封，處於必須朝貢的複雜立場。

這樣的曖昧關係，導致沖繩陷入淪為第三國殖民地的危險之中。事實上，培理艦隊的黑船在抵達日本本土前就先停靠那霸（一八五三年五月）並締結條約。

為了對抗這個事件，明治新政府於一八七九年廢止琉球王國並設置沖繩縣，琉球王則以侯爵身分被強留在東京。清朝對此提出抗議，日本政府也接受了美國格蘭特前總統的建議，本想藉由將宮古、八重山割讓給清朝來平息事件，但清朝不接受，最後只有透過甲午戰爭併吞台灣與朝鮮，才終於平息異論。同時，甲午戰爭後日本也租借了大連等關東州地區。

從中國手中護住沖繩的昭和天皇與吉田茂

隨著時間推進，到了第二次世界大戰期間、一九四三年的開羅會議，美國羅斯福總統向中國國民黨的蔣介石試探是否要拿走沖繩這塊土地。蔣介石認為如果要求日本人所居住的沖繩會導致民族主義崩解，進而使滿州與蒙古被蘇聯奪走，因此非常猶豫。雖然沖繩並非很順理成章地被承認為日本國土，但國民黨後來被共產黨逼迫而退守到台灣，所有的一切都變得混亂失據，這對日本來說也許是一種幸運吧。

接著是戰爭結束後一九五一年的舊金山和約，言明沖繩隸屬於美軍的施政權底下。雖然日本本土捨棄了沖繩這點一直為沖繩人詬病，然而以當時的時間點來看，如果日本執意要收復沖繩，蔣介石會強力反對，導致沖繩歸還日本的路更加坎坷。

儘管內心覺得很可恥，日本也只能透過舊金山和平條約暫時讓沖繩隸屬於美國管轄底下，之後再和美國進行二度交涉來改變沖繩的地位，這可以說是吉田茂首相與昭和天皇最賢明的判斷。這絕非犧牲了沖繩，更不用說本土的人們（大和人）實際上對沖繩人民抱持著非常真摯的歉意。

沖繩縣是在一九七二年回歸日本。在保守派的政治家當中，有些人認為沖繩縣總有一天應該要歸還，然而很多人卻覺得過早歸還會出現一些經濟上的狀況而有所猶豫。其中，沖繩縣的教職員團體非常熱衷要求無條件回歸，還就此展開舉國旗運動。北京政府也期待歸還後美軍基地能夠撤離沖繩，因此對日本的歸還運動表示支持。然而台灣的國民黨政府希望美國政府在進行歸還日本一事時可以找他們商量，基於此番立場並沒有支援沖繩獨立運動。

一九六四年就任的佐藤榮作首相曾說：「只要沖繩沒有回歸，戰爭就不會結束。」當時美國正陷入越戰泥沼，也很擔心蔣介石的意見與動向，佐藤首相便藉著訪台的機會，以維持美軍基地為條件，要求蔣介石不要對歸還運動提出異議。蔣介石沒有同意，但也等於默許了。於是在一九六九年約定要歸還沖繩之後，一九七一年就締結了協定，並於隔年五月進行歸還。

佐藤首相所締結的「密約」之中，竟包含出事時可持核武進入等內容，有人對此加以批評也無可厚非，但如果不這麼做，我想當時沖繩一定沒有辦法回歸。除此之外，在正式歸還之前的一九七二年二月，美國尼克森總統正在北京進行訪問。如果那時猶豫不決的話，北京方也有可能改變想法而進行干涉，因此我認為從「拙而快」及「混淆視聽」的綜合觀點來看，佐藤首相的做法是妥當的。

綜觀釣魚臺列嶼問題

對於釣魚臺列嶼的領有權，中國所提出的盡是一些無聊的根據。在國際法上，就算是最初發現島嶼的國家，或是有地理位置上的親近性等，都沒辦法主張領有權。

話雖如此，琉球方也沒有可以說明該處為王國領土的證據（圖五）。

日本的主張是「在一八九五年成為無主地以後，依照國際法，日本滿足先行佔有該地之領有條件」。就讓我來說明整個原委吧。

一八九四年，有一位名叫古賀辰四郎的商人發現了棲息於釣魚臺島上的信天翁，為了建立羽毛工廠而向國家申請出借島嶼。受理此案件的內務卿山縣有朋想要以「沒有任何歸屬於清朝的證據」為由而設立國標，卻被不想引起風波的外務卿井上馨給擱置了。

接著在中日戰爭發生後的一八九五年，由於「確認該領土不屬於任何一個國家，因此決定將釣魚臺列嶼編入沖繩縣」。根據舊金山和平條約，那時雖然放棄了「對於台灣、澎湖群島及部份的南沙群島（日稱新南群島）、西沙群島等區域的所有權力、權限及請求權」，但釣魚臺列嶼不包含在內。

自此，沖繩的一部分列入美軍的施政權底下，中國和台灣地圖上也都這樣標示。然而當一九七〇年聯合國提出其附近海域蘊藏堪比伊拉克的石油資源報告書後，台北在一九七一年便主張領有權，北京也隨後跟進。

台灣漁船反覆入侵並和北京分別主張領有權的那段時期，是在沖繩歸還以前。以日本方而言，日本政府也非常後悔沒有將實質統治明確化。

中國當時的副主席鄧小平表示：「我想要暫時擱置這個問題。下個世代會比我們還要賢明，可能會找出更實際的解決方法。」（一九七八年），日本方也沒有提出反對。因此雖然「日本方認同有領土紛爭」這種說法並不正確，「默認中國所說之存在紛爭的主張」卻是事實。

日方的做法是只要有非法入侵行為就驅離國境，但讓人記憶猶新的是，二〇一〇年中國漁船衝撞事件發生時船長被延長拘留所引發的嚴重事態。除此之外，二〇一二年當時的東京都知事石原慎太郎提出了釣魚臺列嶼購買計畫，最後由國家買入、變為國有化之後，又引發更大的騷動。

然而，對日本來說幸運的是，現在中國因為南沙群島等地區和東南亞諸國產生嚴重歧異。就算安倍政權因為表態右翼傾向導致中日關係不佳而被批評，只要看看南沙群島所引起的事件，就會知道那裡的問題更嚴重。順帶一提，南沙群島在一九三八年被當成是日本領土而編入台灣高雄市，但因為第二次世界大戰後的舊金山和平條約，日本放棄了擁有權。

小笠原群島與沖之鳥島的兩百海浬問題

據說小笠原群島最初的居民，是一八三〇年時從夏威夷過來的五名白人與二十五名夏威夷人。此地最初的發現者眾說紛紜，有人說是一五九三年的小笠原真賴等人，不過在一六七五年時江戶幕府就派遣富國壽丸到該地建立了「此島大日本之內也」的石碑，一八六三年居民便以此為證據宣稱此地為日本所有，並於一八七六年發表正式的領有宣言。

然而由於舊金山和平條約的出現，小笠原群島變成了美國的管轄範圍，允許歐美系人民入住島嶼，直到一九六八年才將其歸還日本（圖四）。

之後，根據一九九四年生效的聯合國海洋法公約，從沿岸開始的兩百海浬被認定為專屬經濟海域（exclusive economic zone）。雖然不得不允許其他國家自由航行，但從經濟上來看還是符合領海的標準，因此日本能獲得了國土面積十二倍大的專屬經濟海域，要說小笠原群島有偌大的貢獻可是一點也不為過。

位於小笠原南方的廣大群島密克羅尼西亞，也曾因為西洋各國的爭奪戰一度被統治，不過那是一八八六年的事，之前大多屬於無主地。第一次世界大戰後，日本被國際聯盟委任統領曾為德國領地的密克羅尼西亞群島。由於不少日本人從沖繩移居過去，得以實施善政，但在戰後歸入美國統治下，大部分都選擇獨立了。

其中，二〇〇四年中國政府提出日本最南端的沖之鳥島並非兩百海浬之專屬經濟海域中所承認的「島嶼」，而是只有十二海浬效力的「礁岩」。雖然這個主張仍有爭議，不過這也是中、日圍繞著太平洋爭奪霸權的嚴峻戰爭以此種形式檯面化（圖四）。

第 2 章

韓國・朝鮮

正式名稱・英語正式名稱

大韓民國・Republic of Korea

別國語言的稱呼

대한민국（韓）、Korea（英）、Corée（法）、韓國（中）

首都

首爾

語言

朝鮮語

面積

十萬平方公里

人口

五千萬人

貨幣

圓（韓圓）

國旗

太極旗

（八卦圓為太極，代表構成宇宙的生命體。
四角記號為易經中的卦）

國歌

愛國歌

宗教

無宗教百分之四十九、基督教百分之二十六、佛教百分之二十三

民族

朝鮮人百分之九十八

國慶日

十月三日（慶祝檀君建國的開天節）

圖1　朝鮮半島統治的變遷

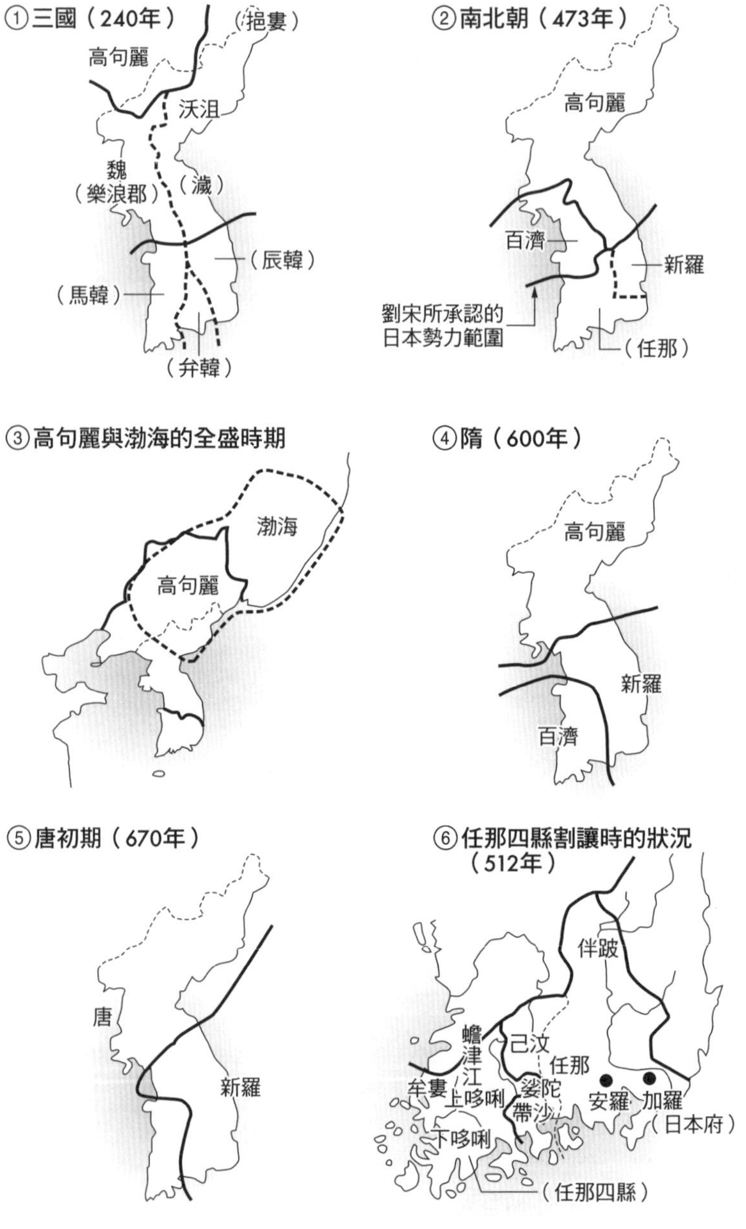
①三國（240年）
（挹婁）
高句麗
沃沮
魏
（樂浪郡）
（濊）
（辰韓）
（馬韓）
（弁韓）
②南北朝（473年）
高句麗
百濟
新羅
劉宋所承認的
日本勢力範圍
（任那）
③高句麗與渤海的全盛時期
渤海
高句麗
④隋（600年）
高句麗
新羅
百濟
⑤唐初期（670年）
唐
新羅
⑥任那四縣割讓時的狀況
（512年）
伴跛
蟾
津
江
己汶
任那
牟婁
上哆唎
娑陀
帶沙
安羅
加羅
（日本府）
下哆唎
（任那四縣）

⑦唐中期（750年）

⑧唐末期（900年）

⑨元（1300年）

⑩ 清（1897年）

⑪現在（2015年）

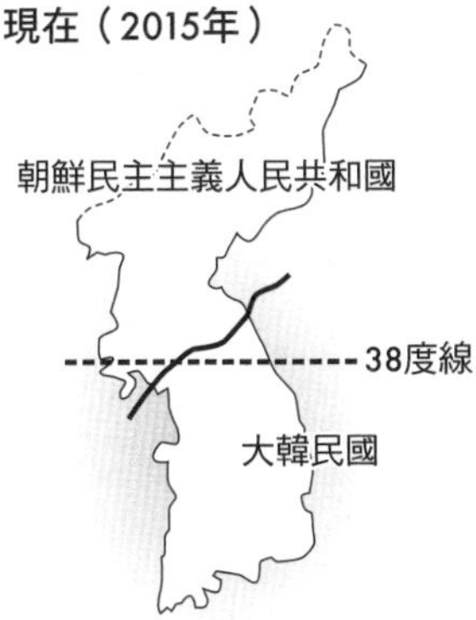

圖2　竹島問題

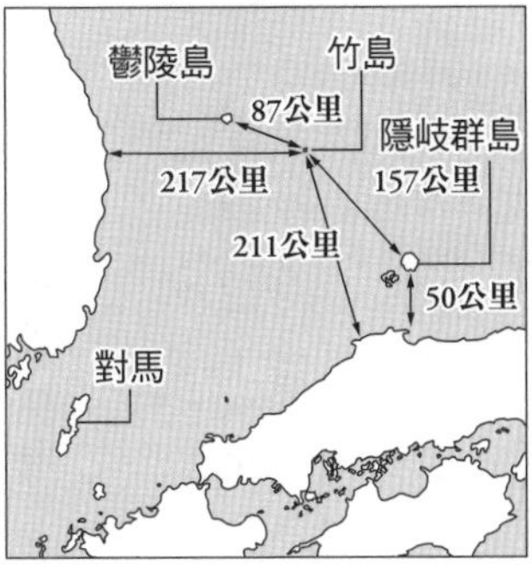

※ 取自八幡和郎《全是誤解的韓國史真相》（暫譯）

朝鮮民族從何時開始存在

在思考韓國．朝鮮的領土之前，我們必須先知道這個國家特殊的歷史。

說到朝鮮半島的範圍，我們一般會從中國和北韓國境的鴨綠江或豆滿江以南算起。然而若從地形來看，從更南邊的北緯三十九度線，也就是大約平壤附近為邊界劃分會比較自然。包含到鴨綠江，大多是政治看法。

其南方海面上有日本列島，被夾在名為中國這超大國家與日本這超大島國之間，處於微妙的位置，從歷史層面來說也很容易成為兩國對立的導火線，時常被捲入戰爭、遭併吞等等。

韓國．朝鮮可以說是一個大多數人都講韓語的單一民族國家，但特別的是，「韓語」在書寫方面被確立，源於一九一〇年受到日本統治。

最初是漢民族在朝鮮半島建立古朝鮮這個國家，在漢帝國時代，該版圖囊括了首爾以北。其後雖成立了許多未受漢民族支配的國家，但都沒有獨立的文字及書寫語言，文書全部以漢字呈現。

接著來到十五世紀，進入名君世宗（一三九七～一四五〇）的年代，才創造出名為韓文的獨立文字，但只在孩童教育及庶民之間使用；正式文書及知識、文藝方面，還是和以前一樣使用漢字。此外，他們並不像日本漢字那樣有著讀音順序符號，而是如同中文順序般慢慢添加詞彙來讀。

十九世紀後半，由福澤諭吉門下的井上角五郎等人開發了「漢字韓文混合文」，在日韓合併後將其明定為韓文的正式表記法，開始進行真正的韓語教育。從這層意義上來看，雖然這種說法有點尖刻，但作為書寫文字的韓語是日本統治下所確立的語言，說是日本帶給朝鮮半島人民的禮物也不為過。

多虧韓文的出現，十五世紀以後，大家才能大概了解韓語這種溝通語言究竟是怎麼回事。在那之前的韓語，幾乎沒有人知道是怎樣的語言。

現代韓語的起源，只能說是從東南部慶尚道出現開始到七世紀幾乎統一半島的新羅人之語言的延續。而高句麗與百濟的語言，由於只留下一些固有名詞程度的線索，和現今韓語之間的關係完全是模糊不清。

根據《魏志東夷傳》等等的中國史書，高句麗語和百濟語極為相似，新羅語則是完全不一樣。另外，新羅語和韓語常常以子音結尾，百濟語和高句麗語則似乎和日文相同，原則上是用母音結束，這麼說來也許和日文非常相近也說不定。

因此，我們很難斷定使用韓語這種共同語言的朝鮮民族究竟是從何時開始存在，要確定韓國．朝鮮國家的歷史究竟包含了哪些範圍也很困難。

在韓國．朝鮮國家，韓國與北韓對於國家何為起源、何時開始存在並沒有共識，最麻煩的是隨著時代變化，國民認同的常識也會不斷改變。

朝鮮國家的根源是新羅或高句麗

若要從客觀角度直述朝鮮半島的歷史，基本上統一了半島東南部的慶尚北道至主要半島的新羅，可以說是韓國．朝鮮國家的起源。

然而，南北韓都認為傳說中的檀君朝鮮是開啟「古朝鮮」的根源，即是掙脫了漢民族支配，並取回舊地而建國的高句麗。高句麗是由扶余族（原本位於吉林省的通古斯語族）於西元前後移居到同省內的鴨綠江北岸集安周圍所建立起來的國家，四世紀時將現在的北韓與滿州地區納入版圖成為一大王國，並於五世紀將首都遷往平壤。

「朝鮮」這個地名，是從橫跨滿州南部之遼寧省與北朝鮮之平壤一帶的古朝鮮而來。由於位處中國東邊，或許也有因為「朝日明亮之國」之意所命名的吧。此地區受到中國河北省一帶到華北地方農業技術影響，海產與礦物的發展極為豐富，在中國的夏商周等古代王朝時代，就已經是非常容易居住的地區。

其中，韓國・朝鮮的人都說，生存於四千年前左右，名為檀君的王者是建立了朝鮮王國的霸主。尤其在北韓地區還發現了檀君的墓，大家就開始進行整備並調查遺物，主張這並非四千年前而是五千年前的物品。

這個建國神話可以從高麗時代整理民間軼事的史書《三國遺事》中找到，儘管在那之前所整理出來的正史《三國史紀》中沒有記載，不過在十九世紀左右開始高漲的民族意識風潮中，他們為了要標榜自己也是和日本、中國的建國神話同樣層級之歷史的國家，便不斷提倡這個建國神話。

在那之後，來自中國的商朝遺民移居到朝鮮建立了「箕子朝鮮」，直到被曾是漢朝諸侯之燕國遺民所建立起來的衛氏朝鮮討伐才滅亡。衛氏朝鮮原本臣服於漢朝，但因為降伏了周邊諸國後就不再對漢朝稱臣，於是建立了西漢全盛期的漢武帝（西元前一五六～西元前八七）將其殲滅，於該地設置了樂浪郡等四個郡並編入中國體制中。

有些人認為朝鮮半島因此被「殖民地化」，不過設郡這個動作即是把這片土地當成內地來使用，意味著完全被領土化。換句話說，這和萬里長城北側與西域完全不同，可以說完全變成了漢民族的土地。

樂浪郡是由西漢漢武帝所設置，存在於西元前一〇八年到西元三一三年，其中心都市為平壤。其他三個郡因為交通不便與人口稀疏，無法長久維持，最後就歸入樂浪郡了。

到東漢末年的混亂時期，遼東區域地方官出身的公孫氏將勢力拓展到樂浪郡，成立了半獨立國，並從黃海道到京畿道設立了帶方郡。沒想到進入三國時代的二三八年，魏國討伐公孫氏並將樂浪、帶方郡納入統治，邪馬台國的女王卑彌呼透過帶方郡和魏國締結友好關係則為隔年的事情。到了二六五年，晉取代魏掌管這些地區，卻因為內亂導致無暇控管位於遠方的樂浪郡與帶方郡，三一三年就被高句麗滅亡而撤退回中國，中國在朝鮮半島的統治暫時結束。

位於吉林省內地的通古斯語系扶余族，在西元前後期間於同省內鴨綠江北岸之集安周邊所建立的國家就是高句麗，率領部族南下的開國君主為高朱蒙。

在日中夾縫中瞬息萬變的國境

當樂浪郡在半島北部設置時，半島南部還不是很發達。在《魏書・東夷傳》中，相對於日本列島的說明是「該國民風淳樸」，半島南部則被記錄上「有如囚犯和奴婢聚集的地方」這段文字。

在晉撤退以後，四世紀的朝鮮半島處於北方高句麗南下，南方則是日本渡海而來的狀況。在四一四年豎立的好太王碑（當時建在高句麗首都，即為現在的中國吉林省）上，就記錄著位於半島南部三韓地區的小國家群成長為百濟和新羅，南北部分被高句麗與日本這兩個強國夾擊，掙扎求生的情形。說到新羅，其建國和日本人也有關連，在《三國史記》上也有寫到關於日本人稱王的事件。另一方面，無論在日本還是韓國，都沒有提到朝鮮人與日本建國有關連的紀錄。

至於四世紀後半的中國南朝史書中，日本天皇已被中國皇帝承認了半島南部全體的治權，只扣除掉與中國有直接交流的百濟，這部分就如同第一章所說明。

之後，高句麗曾經將位於首爾附近的百濟滅亡（四七五年），於是雄略天皇割讓了現在的忠清道附近土地助百濟復興。而當作給日本帶來各種文物及派遣中國技術者來日的補償，連被稱作任那四縣的全羅道附近也都割讓給百濟了。

百濟在帶給日本中國文明中擔任重要角色的確是事實，不過從政治、軍事層面來看，日本都處於優勢地位。另外，我們也必須了解那些派遣到日本的技術者，多數都是住在百濟的中國人。換句話說，百濟就像是綜合商社這種角色。

之後曾是日本統治地區的任那諸國發起反抗，最後變成向新興國新羅屈服，連帶位於朝鮮的日本統治地區也被消滅（五六二年「任那的滅亡」）。朝鮮半島從此進入了新羅統治東南地區首爾一帶、百濟統治西南地區、高句麗統治北部及滿州的三國時代。

此時中國正好從隋朝邁入唐朝，混亂狀況一直持續。高句麗因為三度阻止隋朝的侵略而意氣高昂，百濟則是獲得了日本的支援，狡猾且聰明地與唐朝、高句麗之間展開天平般的外交關係，並以收復領土為目標向新羅進攻。另一方面，日本接受了中國文化，國力呈現飛躍式的成長。新羅被夾在百濟與日本之間，面臨被滅亡的危機。

此時新羅的其中一名王族金春秋，於六四八年前往唐朝跟唐太宗締結同盟關係，並於六四九年採用唐朝的衣冠禮服制度，六五〇年廢除獨立年號，改使用唐朝年號（永徽），連姓氏的部分也徹底改成中國風的單姓。換句話說，新羅成為唐朝的「附屬國」，為尋求生存而持續以擴張領土為目標。

後來，新羅在唐朝攻擊百濟時提供援助，藉由唐朝完成領土合併。而在尋求復興的百濟人們獲得日本援軍奮起戰鬥之時，唐朝最終能在「白村江之戰」（六六三年）擊敗日本水軍，也是因為得到新羅援助。除此之外，新羅還協助唐朝攻擊高句麗並進行合併。

接著，唐朝建立了一個名為羈縻州的自治領區，其中包含了新羅，百濟、高句麗自然也在內。這時新羅一個轉念，藉由向日本上貢承認日本對任那地區的潛在主權——「任那之調」等等，獲得日本支持以對抗唐朝。好運的是，當時唐朝正因為與西藏地區國家的「唐蕃戰爭」而受到威脅，新羅便向唐朝要求最低程度的獨立，並佔領高句麗的一部分及百濟的舊領地。對此行為，唐朝後來承認了新羅的領土兼併，也一併認可其身為王國的地位，以對抗在滿州北部建國、且有一部分高句麗遺民移入的國家渤海。

由此，朝鮮王國——對中國從屬性極強的半獨立國家——終於誕生。此時流經平壤南部的大同江一帶仍屬佔領地區，而唐朝認同到此邊界為新羅的土地則是七三五年的事情。

另一方面，渤海是在六九八年建立的國家，曾經與唐朝和新羅處於敵對立場，並向日本朝貢了三十四次。雖然歷史上並沒有把渤海當成是朝鮮人的國家之一，不過戰後有北韓的學者主張此為朝鮮國家，而這個說法也被韓國採用，並以「南北國時代」的名稱寫入現在的歷史教科書上。從此事可以得知南北互不認輸的結果，會導致國粹主義的歷史觀逐漸變強。

新羅在進入九世紀後開始衰退，接著出現了後百濟和後高句麗。此時自稱高句麗遺族的王建（八七七～九四三）攻下後高句麗，滅亡了新羅，進而合併後百濟，建立高麗王國（九一八年）。

與此同時，渤海也被蒙古族的契丹給滅亡。高麗接受了渤海的一部分遺族，並趁著中國的混亂期得手鴨綠江南岸的土地，不過依然沒有控制東北部的咸鏡道一帶。

面對蒙古族的崛起，高麗雖然逃到江華島並奮力抵抗，最終還是降伏於蒙古族所建立的國家——元朝。新羅和高麗都曾向中國王朝稱臣，不過沒有受到直接統治。

元朝會派遣官員至高麗進行監督，高麗太子也被要求送到大都當人質，並扶持元朝公主成為高麗王后。高麗因此得到姻親等級的對待，和先前都只能當中國王朝的家臣相比，可以說待遇優良得多，但要說這究竟是不是好事，還真有點微妙。至於對日關係的部分，高麗的忠烈王也參與了日本侵略一事，和元朝屬於共同襲擊日本的關係。在日本教科書上他們被稱為「元寇」，但我想正確來說應該是「元・高麗寇」才對。

李氏朝鮮如何變成日韓合併

在中國處於元朝滅亡、進入明朝的時代，高麗侵略了滿州的遼東地區，但身為遠征司令官的李成桂反對該行為，發動軍事政變推翻高麗，李氏朝鮮就此誕生（一三九二年）。得到明朝承認的李氏朝鮮侵略東北部的咸鏡道地區，將該地變成所謂的朝鮮國境。

然而據說位於朝鮮半島南部濟州島上原住民和其他半島各民族講的是完全不同的語言，有可能是日文，或是和沖繩等地的語言非常相近也說不定。在古代，此地區是個被稱為「耽羅國」的獨立國，曾向日本朝貢，經過百濟統治後被新羅併吞。

在那之後，耽羅奮力抵抗元朝入侵，成為「三別抄之亂」的發生地，但後來被元朝鎮壓下來，脫離高麗後成為元朝的直接管轄領地（一二七五年）。不過在李氏朝鮮時代，該地區又回歸朝鮮，變成一座流放犯人的島嶼。

李氏朝鮮因為元朝時期侵略日本的影響，不斷受到倭寇侵略，於是引發了對馬攻擊事件以表反抗（一四一九年「應永外寇」）。之後，豐臣秀吉統一天下，日本希望和明朝之間有新的友好外交，沒想到卻遭拒絕，就發起「文祿・慶長之役」攻打中國，李氏朝鮮的領土幾乎都被佔領。

由於明軍應朝鮮的要求加入戰局，日軍退守到南方沿岸地帶，在陷入膠著狀態時豐臣秀吉正好過世，日本最終只能先撤退。然而在明朝援助朝鮮的這段期間，原不起眼的「女真族」改革成為「滿州族」，在滿州地區興起，降服蒙古諸汗，建立大清帝國。

此時朝鮮與明、清兩方都維持著良好關係，沒想到清軍的皇太極（一五九二～一六四三）隨後親自率軍入侵半島，李氏朝鮮的國王仁祖被迫在首爾郊外的三田渡地區，行「三跪九叩」的臣下之禮，成為對清臣服的關係（一六三七年）。

後來到十九世紀，歐美諸國也進入朝鮮。法國或英國都曾為了要求通商而攻打朝鮮，但朝鮮屢次渡過難關；而面對日本方面，則因為在寫給明治新政府的書狀上出現違反外交禮儀的無禮發言，使得關係陷入僵局。

後來日朝發生衝突，引發江華島事件後簽訂江華島條約，使兩國得以建立近代的國際外交，沒想到卻因為和清朝之間的從屬關係（冊封關係）沒辦法利用近代國際法秩序來定位，造成嚴重問題，日本因此尋求讓朝鮮成為獨立國，其結果就是引發了甲午戰爭，使得朝鮮得以脫離清朝獲得完全的獨立，不久後就改國號為大韓帝國。日本雖希望韓國能透過國家體制的近代化成為親日國家，沒想到韓國皇帝與兩班（朝鮮的貴族階級）都不想失去特權，轉而嘗試和沙皇所統治的專制國家俄羅斯進行合作。

當然美國跟英國都不希望這種事情發生，藉此引發了日俄戰爭，並根據戰後朴資茅斯和約所衍伸出的第二次日韓條約，明定韓國成了日本的保護國。不料韓國的高宗皇帝竟想違反條約，不斷嘗試將其作廢，於是日本就在各國支持下逕行將日韓合併（一九一〇年）。

關於韓國究竟是否列為日本的殖民地一事，並沒有出現一些有意義的討論。「殖民地」並非法律用語，因此沒有一個嚴謹的定義，不過從「肯亞與印度為英國殖民地」的意義上來看，韓國確實不是日本的殖民地。比較相似的比喻，大概是英國與愛爾蘭的感覺吧。「殖民地」是一個適用於偏遠地區的詞彙，相鄰兩地合併的場合下就不太相襯了。

當初日本所採用的方式是一邊承認韓國的獨立性，一邊進行統治。然而隨著同化政策不斷進行，太平洋戰爭爆發，賦與參政權、實施徵兵、改名字等政策也開始實施了。

北緯三十八度線的攻防與竹島問題

第二次世界大戰後，日本從韓國撤退一事，事前完全沒有進行任何準備，再加上美國要求蘇聯參戰的結果，半島以三十八度線為邊界劃分開來，美國與蘇聯各佔據一方，一九四八年建立了朝鮮民主主義人民共和國與大韓民國。

北韓的金日成得到隔年成立的中華人民共和國支援，以武力統一為目標，於一九五〇年入侵南方，這就是韓戰的起源。首爾淪陷，韓國軍被逼退到釜山一帶，而美國等各國聯軍此時介入對抗。於是北韓軍被逼回至中國與北韓的國境，這回又變成中國的義勇軍介入，最後才協定在北緯三十八度線一帶停戰。然而，這邊指的並非地理上的三十八度線，而是在臨津江和其往外延伸處劃上休戰邊界。這樣的結果導致板門店成為雙方的窗口，曾為高麗首都的開城屬於北韓。

現在朝鮮民主主義人民共和國（北韓）的首都為平壤，大韓民國（通稱韓國或南韓）的首都為首爾，而從兩側的大同江與漢江這兩條大河河口開始算直線距離高達六十公里，大概就是大阪灣到京都的距離。平壤從五世紀開始就是高句麗的首都，首爾則是百濟的發祥地，兩者都是富有歷史性的都市。

由於首爾靠近停火線，從這層意義上來說是一個毫無防備機能的首都。韓國之所以在中西部的忠清南道上建立世宗特別市，並將一部分的首都機能轉移過去，從地理學上來看就是為了解決過度集中的問題。

接著是關於韓國和日本之間的爭議地——竹島（韓稱獨島）。這是位於隱岐群島西北邊一五七公里的島嶼，由男島（西島）、女島（東島）兩個岩石島和數十個岩礁所組成（圖二）。

一九〇五年，日本將島根縣編入地籍，然而在舊金山和平條約生效之前的一九五二年一月，韓國的李承晚總統為了要奪取竹島，設置了名為「李承晚縣」的軍事邊界線，並扣留了許多漁船和漁民。隨後他即進行佔領，尤其近年來又建立了各式各樣的設施，強化實質統治的動作。日本雖然向國際司法裁判所提出委託，韓國政府卻沒有對此做出回應。

竹島問題很複雜的其中一個原因，主要是江戶時代日本將韓國的鬱陵島稱為竹島的緣故，那時候現在的竹島被喚作松島。鬱陵島原本是由降伏了于山國這獨立國的新羅所管轄，之後納入李氏朝鮮的統治範圍，不過他們在十五世紀就放棄了這座島。而在江戶時代的前半段，米子的商人曾獲得了鳥取藩跟幕府的允許，在該島上採伐竹子。

沒想到過後沒多久，朝鮮人就為了捕魚前來此地，因而產生爭議。其實只要堅持那是日本的所有物就沒事了，但秉持消極怕事主義的德川幕府選擇讓給朝鮮。說到底，這就是個失敗。

對當時的日本來說，竹島是前往鬱陵島的中繼站，雖然並無朝鮮人在那邊往來，不過也沒有確實證據顯示那是日本領土，但一九〇五年日本比韓國還早提出領有宣言的事實成了決定性結果。即使我能了解韓國遺憾的心情，但在國際法院中日本敗訴的可能性非常小，也因此韓國才不想接受仲裁吧。

第 3 章

中國

正式名稱・英語正式名稱

中華人民共和國・People's Republic of China

別國語言的稱呼

中國（中）、中国（日）、China（英）、Chine（法）、КИТАЙ（俄）

首都

北京

語言

中文

面積

九百五十九萬七千平方公里

人口

十三億人

貨幣

元

國旗

五星紅旗（大的星星為中國共產黨，小的星星代表人民各階級）

國歌

義勇軍進行曲

宗教

無宗教百分之四十二、民間信仰百分之二十九

民族

漢族百分之九十二

國慶日

十月一日（中華人民共和國成立的國慶日）

圖1　中國領土的變遷

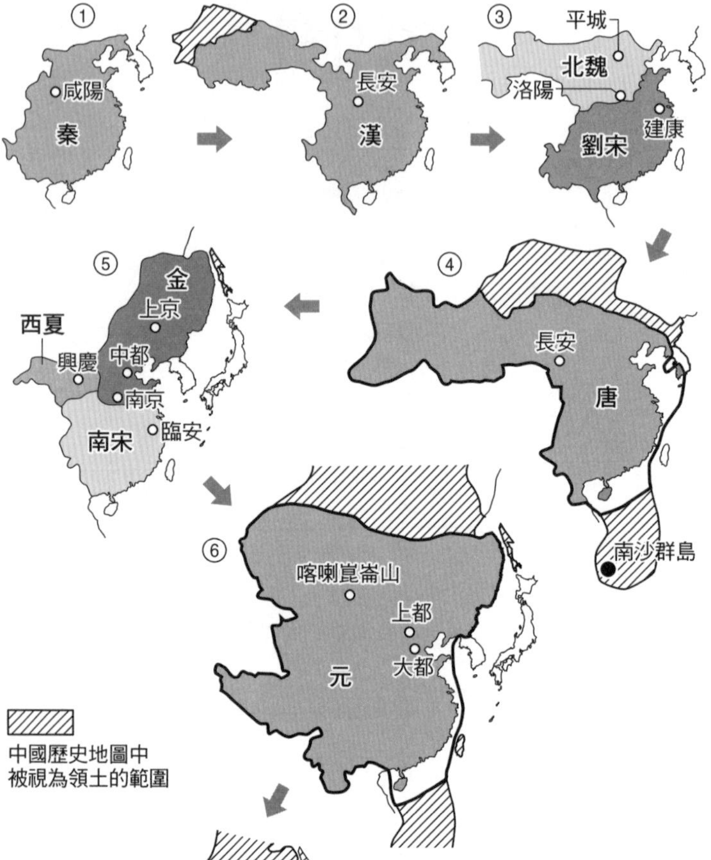

圖2　中國的歷代首都

圖3　現代中國的領土問題

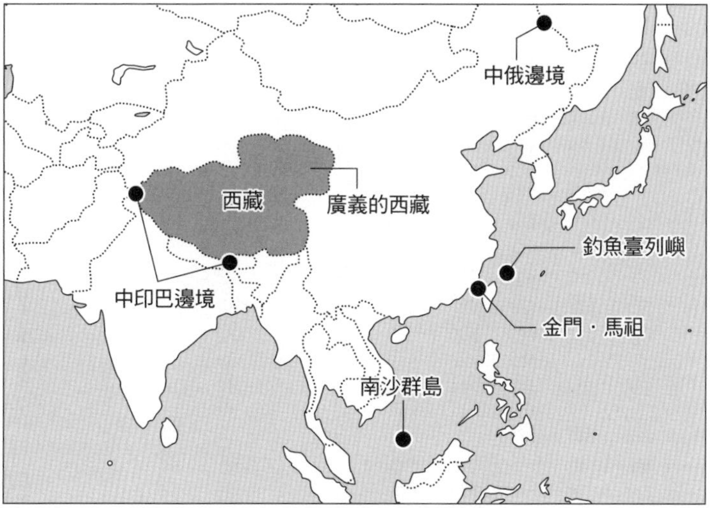

圖4　大清帝國的衰退

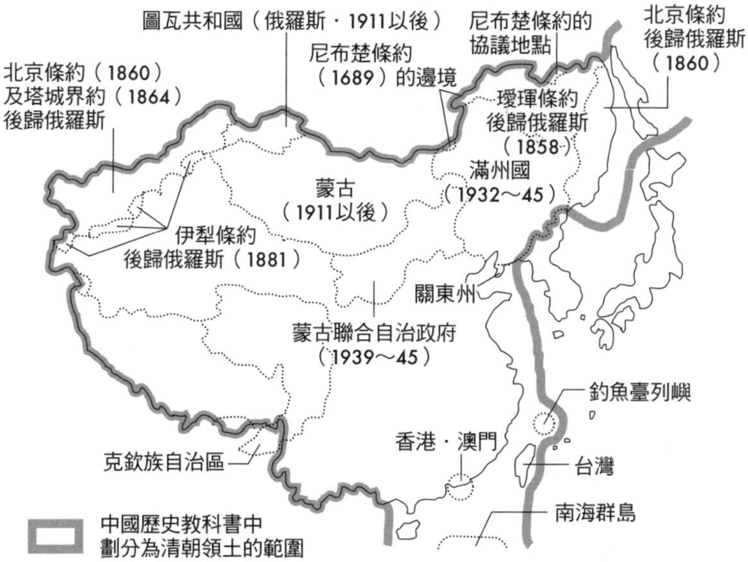

取自八幡和郎《完全解說　原來如此！中國史》（暫譯）

根據國際法，西藏原為中國領土

普遍的說法是「中國侵略了西藏跟維吾爾地區」，然而這並不正確。我會向大家說明，根據國際法，西藏和維吾爾都被認定是中國的領土，並非現代所言將兩地當成是國外入侵領地的案例。當然，他們也和所有民族一樣有追求獨立與自治的權利，而這又是另外一回事了。

東方傳統國際秩序法和西方差異很大。在西方，根據德國發生「三十年戰爭」（宗教戰爭）後所簽定的西伐利亞條約（一六四八年）所確立的近代國際法常識，有非常多都難以用來說明東方的國際關係。

話雖如此，從清朝康熙帝（一六五四～一七二二）和俄羅斯所締結的尼布楚條約（一六八九年）開始，到結束甲午戰爭的馬關條約（一八九五年）為止之各種條約累積下，依此逐漸確立了國境線。之後每當戰爭發生就會簽訂新的條約，讓現今的國境得以合法存在。

然而中國政府卻用數百年前中國船隻曾靠岸過為由來佔領島嶼，以及中國少數民族曾把該地納為領土等說法，強調那是和本國密不可分的領地以重畫國境線。不過這對他們來說並不是一個很好的策略。雖然也有藉由提出亞洲在適用於近代國際法之前的事蹟，並用各種不同解釋來補足、加強中國主張的案例，但另一方面，這也常常成為他國及少數民族的主張依據。

詳細部分我會於之後說明。中國現在擁有的版圖已經是漢民族歷史中最大的了，我真的很擔心，認為他們不要企圖繼續擴張會比較好。

漢民族國家從古代的夏、商、周時代開始持續到現在，現今的中國則是經由和各種民族間的複雜關係建立而成。若要用對中國有利的方式來解釋並主張領土變更的話，周邊諸國也會陷入不安。

讓中國領土問題變得更加複雜的原因，在於各朝代的中國領土究竟有多大範圍這件事，但關於這點，很難有一個具有歷史性定論的概念。

最容易被承認為漢民族固有領土的，就是漢民族所建立的最後王朝——大明帝國，然而這在維基百科上的各國語言版本說明中也有很大的不同。範圍最狹隘的是韓文版本，限定在萬里長城內側與滿州南部的遼寧省而已。諸如英文等西歐語版本中，還加上青海省、內蒙古中部、吉林省、黑龍江省、濱海邊疆州等等。日文版則是完全沿用俄文版的地圖，沒有反映出日本人觀點實在有些可惜，不過在高中所使用的歷史地圖裡，大多和歐美版顯示同樣範圍（圖一之七）。

說到日文版維基百科所認定的大明帝國領土，包含了西藏、緬甸、寮國一部分、內蒙古東部，而多國語版本中則增加了庫頁島地區（和中國社會科學院的歷史地圖內容相同）。

明代時期的領土除了中國周邊外，並沒有像十九世紀以後那樣有非常明顯的國境線，然而明朝有確實統治的範圍就像韓文版那樣狹隘。若要說中國有如同中文版那樣的廣大領土，很有可能會被批判為用不符合事實的歷史觀來要求領土，這種想法真的非常危險。

中國的首都，以位於黃河流域正中間——也就是中原位置的洛陽最理想，不過處在要害地區的關中（陝西省）西安附近也常常會建立首都，另外在宋朝以後，面對著大運河的開封也曾被選定過。

元代之後，位於萬里長城不遠、睥睨北方的北京以及靠近經濟中心的南京，兩者亦互相交替成為各朝代的首都（圖二）。

從秦始皇統一到漢武帝的領土擴張

在漢朝時被司馬遷整理出來，以中國正史為出發點的《史記》裡寫到，傳說中的帝王「三皇五帝」中的三皇並沒有算在歷史裡。五帝之一的黃帝，即為在日本以「勇健爾黃帝液」廣為人知的黃帝，是一直到皇帝列傳中的本紀才開始被寫入。

即使如此，這也不過是被當成「雖然不大能算成史實，但因為也有只在黃帝傳說中才存在的共同民俗風情，或許會混雜一些史實在裡面，姑且記錄一下」的程度而已。換句話說，黃帝是從神話世界到建國傳說這段時期的人物；以日本的情況來看，大約就是介於天照大神和神武天皇之間的存在。

司馬遷認為，最初的世襲王朝是夏朝（西元前二二二四～西元前一七一六）。這樣一來，中國的歷史應該只有四千年才對，近年來中國國家主席習近平卻說「中國五千年」，我實在搞不懂這是怎麼計算的。

直到現在，還沒有挖掘出土確認是夏朝時代的遺跡。而接下來的商朝（西元前一七一六～西元前一一二二）有找出相關都城的遺跡，挖掘到的甲骨文字也有記錄在《史記》裡面，可以得知其為確實存在。因此大家都認為在那之前的夏朝具有相對應文物的可能性很高，然而夏朝在使用文字記錄歷史這塊還沒有很發達，很難找到確切證據。

關於夏、商、周（西元前一一〇〇左右～西元前二五六）的精確時代劃分，近年來連結考古學和天文學攜手動員的「夏商周斷代工程」研究已經在中國進行，並於二〇〇〇年發表。這是一種透過日蝕記錄等有力的線索，像拆解拼圖那樣將特定年代做考證的一種反覆作業。當然這也引發了異論，不過中國官方認為此項研究有其根據，接著我就以此為基礎來介紹古代中國領土的變遷。

假設夏朝確實存在，我們可以從出土品分佈，來推定其領土範圍是從洛陽周邊、河南省到山西省南部一帶。商（又稱殷）的國家中心，則是從當時的首都殷墟（河南省東部一帶）到山東省西部一帶（圖二）。

而周這個國家，是由西方陝西省西部廣大的黃土高原崛起，前半期首都為西安近郊，後半期為洛陽。雖然有在黃河流域各地分派親族及功臣為封建諸侯，但進入春秋戰國時代後，長江流域、江蘇省、浙江省分別由楚、吳、越等地方勢力掌權。

在古代中國，建立吳國的是身為周王室一族的太伯，也有人相信那是日本人的祖先。

而統一了群雄割據的春秋戰國時代，並建立強大的中央集權國家秦國（西元前七七八～西元前二〇六）的是秦始皇（西元前二五九～西元前二一〇）。秦和周同樣都是從黃土高原發跡的國家，在周東遷之後，秦就成為周舊地陝西省的統治者。

秦始皇建築了萬里長城，預防遊牧民族肆意進入中原，並用郡縣制來管理地方，其首都為西安近郊的咸陽（圖一之一）。繼承秦朝的是從河南省南部發跡的漢朝（西元前二〇二～西元二二〇），開拓全盛時期的皇帝漢武帝（西元前一五六～西元前八七）於朝鮮北部和北越南等地實施郡縣制，進行漢化。此外，他也向西域擴張領土，絲毫不給蒙古騎馬民族匈奴一點侵略的空間。其首都為長安（西安）（圖一之二）。

另一方面，北方和西方的騎馬民族慢慢移居到萬里長城內側，被重用為漢朝傭兵。沒多久他們便開始掌握力量，最後出現騎馬民族出身的皇帝。

現代中國領土擴大的原因

在漢被滅亡後，以華北洛陽為首都的魏國（二二〇～二六五）進行統治，和以建業（南京）為首都的吳、以四川省成都為首都的蜀進入三國時代。雖然晉

（二六五～四二〇）曾短暫統一，不過不久後晉就轉移到江南，華北經歷了五胡十六國的混亂後，被來自西北部山西省的遊牧民族——鮮卑族北魏（三八六～五三四）統一，進入南北朝時代。漢字傳入日本是從這時代的南朝（三一七～五八九）開始，其影響延續至今，連漢字讀音中都還存留一種名為吳音的類別，可以說是日本文化的根源（圖一之三）。南朝的首都為建業，也可稱作建康。

接著，平定南北朝的是由北朝漢人貴族所建立，並以長安為首都的隋朝（五八九～六一八）及唐朝（六一八～九〇七）。隋朝興建了連接黃河流域和長江流域的大運河，而唐朝是來自於甘肅省的一族，非常熱衷於西方的經營。身為《西遊記》中三藏法師原型的玄奘，其天竺（印度）之旅就象徵了該時代的一個國際形象（圖一之四）。

另一方面，唐朝在朝鮮半島和日本、高句麗之間的攻防戰取得了勝利，一度併吞了百濟與高句麗的舊地。然而在西方一帶，於西藏地區和日益壯大的吐蕃之間發生戰爭時，領土慘遭新羅侵略，最後只得容許其統一朝鮮半島。另外在唐朝的後期，他們也從越南撤退。

唐朝滅亡後，經歷了五代十國的混亂，以汴京（開封）為首都的北宋（九六〇～一一二七）統一了中國。儘管如此，中國和北方契丹、女真族金國的強烈對峙依然持續，不久後就放棄華北，遷都到浙江省的杭州（臨安），這也是歷史上所稱的南宋（一一二七～一二七九）（圖一之五）。

南宋雖然聯合蒙古攻擊金人，卻被取代了金朝的蒙古所滅。於是蒙古族皇帝忽必烈於北京（大都）設立首都，在不失蒙古性格的情況下統一中國並建立元朝（一二七一～一三六八）（圖一之六）。不久來自江蘇省的漢族創建明朝（一三六八～一六四四）並統一萬里長城內部，北側卻持續被蒙古帝國元朝統治（圖一之七）。明朝的首都最初為南京，之後就移到北京了。

現在的中國，可以說是除了本身的漢民族以外，還包含了五十六個民族的多民族國家。而要說到這中華國家的成立，即為約四百年前滿州人所建立的清朝（一六三六～一九一二）以及之後他們所進行的中國本土征服結果。

滿州族的後金皇帝皇太極（一五九二～一六四三）在一六三四年時，從蒙古可汗的遺族那裡獲得中國元朝皇帝的玉璽，之後他便以此為契機，即位為君臨滿、漢、蒙三民族的清朝皇帝。

此時明朝依然存在，這是發生在滿州盛京（瀋陽）的事情。

過去曾統治中國本土的元朝雖受明朝壓迫而退守到萬里長城北邊，不過在撤退到蒙古高原之後，依然維持著成吉思汗所開拓的帝國。而皇太極也持續維持和北方、西方各民族之間的羈絆。

清朝成立八年後，明朝因李自成的叛亂而滅亡（一六四四年）。在叛亂之中，清軍透過明朝殘黨，得以從始於絲綢之路之長城的渤海灣一帶——山海關城門進入北京，成了承襲漢民族正統王朝的滿、漢、蒙三民族聯合王國。

清朝末期，漢民族出身的孫文（一八六六～一九二五）等人打算將滿州族趕到萬里長城的另外一邊。然而在一九一一年因辛亥革命成立中華民國之後，清朝以將位於北京且為清朝效命的漢族將軍袁世凱（一八五九～一九一六）任命為總統的條件，讓大家認同中華民國為清朝的繼承國家，藉以延續清朝領土，這就是為何會說西藏屬於中國領土範圍的原因。孫文在南京建立中華民國，袁世凱將首都遷至北京，蔣介石在北伐時期又移回南京。自從一九四九年中華人民共和國建國開始，首都一直都是北京。

清朝乾隆皇帝建立中國領土的原型

現代中國領土成立的過程大致如同以上說明，接著就來整理一下從清朝成立到現在為止所發生的細微領土變動吧。

因李自成叛亂得以進入北京的清軍，當時所統治的滿州人包含了內蒙古地區、萬里長城北部全體。由於蒙古的察哈爾部降伏，過去蒙古族所統治的地區幾乎全部歸入清朝的領土。

在那之後，進入清朝乾隆皇帝（一七一一～九九）的時代，殲滅了以東土耳其斯坦為根據地、影響力擴及西藏地區的準噶爾汗國，將巴爾喀什湖，也就是現在的哈薩克東部和吉爾吉斯地區納入版圖，命名為新疆（圖四）。

雖然這可以說是現在中國領土的原型，不過隨著各式各樣的戰爭與以近代國際法為基礎所制訂的條約，清朝領土範圍已經逐漸縮小，其中原委就如同圖四的地圖上所顯示。一六八九年和俄羅斯簽定尼布楚條約的清朝，在當時處於優勢地位，因此清朝將所有必要之地全部納入領土範圍。然而由於在那之後發生了亞羅號事件（一八五六～六〇）等許多事情，最後只能將濱海邊疆州割讓給俄羅斯。不只如此，連新疆也變成俄羅斯的領土。

說到和西歐列強的關係，清朝分別將香港（一八四二年）、澳門（一八八七年）交付給英國和葡萄牙，除此之外的各個地方就以租借地的形態被各國掠奪。

另一方面，原本持續維持著朝貢關係的國家，國際法上也無法認定其為清朝的領土；越南被割讓給法國、琉球割讓給日本，而朝鮮在以大韓帝國的身分獨立後，又被歸屬於日本的領地。至於台灣在甲午戰爭結束後被割讓給日本，經過日俄戰爭後關東州也被當成租借地。

關於日本之所以能建立滿州國，其遠因在於中國方沒有遵守清朝皇帝的退位條件（與元首相當的禮遇、年金、墓地維護等）。滿州想獨立的心情並非虛假，問題在於日本別有所圖。

儘管如此，國際上的認知依然不斷演進，世界上幾乎三分之一的國家都已經承認了滿州國。我想如果日本沒有覬覦萬里長城內部的領土，滿州國生存下去的可能性就會很高。

如同當時日本成為滿州國的後盾般，以蘇聯為後盾而成立的蒙古一開始是蘇聯的衛星國，如今已成了自主性強烈、令人欽佩的獨立國家（不過台灣的國民政府在公開場合上並沒有承認蒙古獨立）。

日漸嚴重的中國南海與釣魚臺列嶼領土問題

接著在轉為中華人民共和國之後，香港（一九九七年）與澳門（一九九九年）成功歸還，兩者都會維持五十年的「一國兩制」。另外，西藏原本已經接近實質獨立國家，是因為西藏動亂而被中國「解放」。

中國在西方和俄羅斯、印度、巴基斯坦等國之間有錯綜複雜的國境問題，但要說到真正嚴重的，就是濱海邊疆州了。根據一八六〇年的北京條約，該地屬於俄羅斯所領有，但是逐漸強大的中國沒有理由不想翻盤。

另一個嚴重的問題就是南海和釣魚臺列嶼。中國明朝的永樂皇帝派遣鄭和的艦隊遠征非洲，嘗試探索遠洋地區，然而扣除掉這個例外，中國幾乎是個沒有出過海的國家。不如說，中國人因為有海禁，除了朝貢貿易以外都會嚴格取締。再者，清朝原本是北方民族，從來沒有表現出對海洋的興趣。

不過現在的習近平政權曾說「太平洋足夠容納美中兩大國」，完全沒有隱藏想要將西太平洋及日本近海一帶納入中國勢力範圍的野心，我認為這也可以解釋為意圖再現過去大日本帝國所追求之大東亞共榮圈。

接著，戰前為日本領地——也就是現在的越南、菲律賓、馬來西亞、台灣，也趁亂主張領有南沙群島，中國則想要強行回收這塊地（圖三）。如同大家所知，釣魚臺列嶼的問題日益緊張，甚至可以看見大家對沖繩也虎視眈眈的野心。

西藏與中國的關係好比羅馬教皇與神聖羅馬帝國

相關的歷史事件雖然很繁複，不過我會簡單介紹中國與西藏之間的關係。

唐朝時曾為西方大國的吐蕃，是由建立北魏等國的鮮卑族的松贊干布王（六二九年即位）所建立。攻擊印度的戒日王朝，並遣送留學生到印度創造了西藏表音文字的，都是這位大王。

在西藏獨自發展起來的佛教藉由秘教儀式和神通力廣受歡迎，不只傳播到西藏以外的地區，連蒙古宮廷中也有信仰者。接著，明朝後期的蒙古族王者俺答汗及西藏佛教指導者（活佛）達賴喇嘛三世之間，承認了雙方立場對等的權威性。

其後，達賴喇嘛五世在青海省建立了西藏王國，賦予新疆東土耳其斯坦的準噶爾汗部汗國的稱號，並拜見位於清帝國首都北京的順治皇帝，互相贈與對方稱號。

然而此時蒙古族內部開始發生鬥爭，為了要對抗準噶爾地區，身為當時蒙古族核心的喀爾喀蒙古向清臣服。為此，清軍發起攻擊（一七二〇年），將佔領西藏的準噶爾部趕出去，並於拉薩地區設置了駐藏大臣。

此時清帝國主張，達賴喇嘛拜訪北京、從清朝派遣駐藏大臣等等事件，都顯示出西藏已納入清朝的管轄下，而且駐藏大臣是中國的知事。對此，達賴喇嘛方則主張駐藏大臣就如同中世紀時哈布斯堡家族駐羅馬大使那樣的存在。

雖然列強沒有正式承認西藏獨立，不過由於佔領印度等國的英國侵略西藏，清朝與西藏間的關係被迫要根據近代國際法來明確化。事實上，西藏是獨立進行外交，並非在中國政府的統治下。

英國和清朝之間所簽訂的煙臺條約（一八七六年）雖確保了到西藏的通行權，西藏卻否定了這項條約。中國以此條約為基礎，主張「國際之間也承認了本國對西藏的主權」、「從英國侵略一事來看，可以斷定西藏人民屬於清朝的領土」，不過達賴喇嘛派認為英國和清朝僅是擅自侵略了西藏的主權，並瓜分了領土和權利。

在辛亥革命之後，發生了達賴喇嘛與班禪喇嘛相互對立等各式各樣的事件，達賴喇嘛在歸國後發表獨立宣言，中華民國也沒有對此坐視不管。接著進入了中華人民共和國時代，西藏的範圍縮小（圖三）。一九五九年，他們從社會主義革命的立場出發，企圖真正掌握權力，沒想到卻引發了西藏動亂，導致現在的達賴喇嘛只能逃亡到印度，這就是到目前為止發生的所有事情。

要公平看待兩國之間的關係，其實真理就在兩者的主張之間。「達賴喇嘛和中國皇帝的關係是對等的，但並非是不同國家之間的君主關係」，這種說法應該最為妥當。倘若要從世界史中來看與兩國關係相似的例子，就像是中世紀時的羅馬教皇與神聖羅馬帝國皇帝的這種特殊關係吧。基本上來說，西藏還是算中國的領土，不過我認為要了解其特殊性與過去事情的原委再來思考會比較好。

第 4 章

伊斯蘭帝國・土耳其

正式名稱・英語正式名稱

土耳其共和國・Republic of Turkey

別國語言的稱呼

Türkçe（土）、Turkey（英）、Turquie（法）、土耳其（中）

首都

安卡拉

語言

土耳其語

面積

七十八萬五百七十六平方公里

人口

七千七百六十九萬人

貨幣

土耳其里拉

國旗

新月旗（紅色為伊斯蘭聖戰的象徵）

國歌

獨立進行曲

宗教

伊斯蘭教遜尼派百分之六十七、什葉派百分之三十

民族

土耳其人百分之六十五

國慶日

十月二十九日（共和國紀念日）

圖1　羅馬帝國全盛時期和東西分割

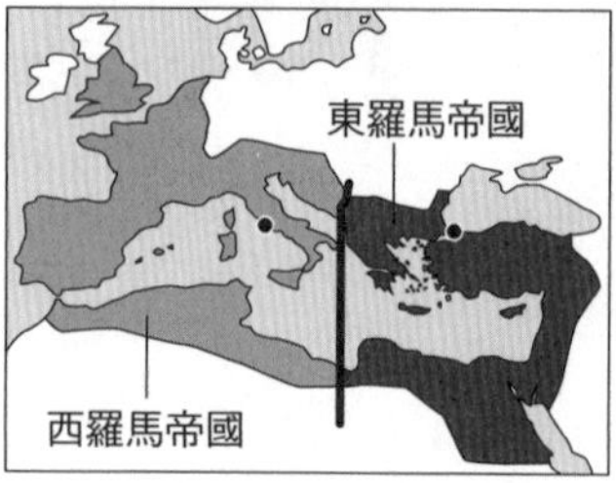

圖2　蒙古帝國

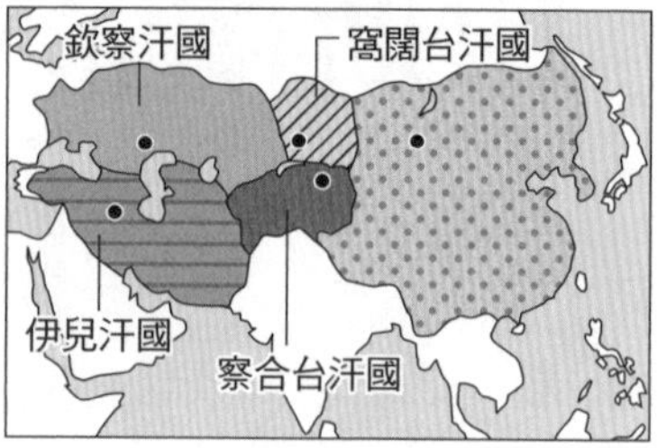

圖3　鄂圖曼帝國領土的變遷

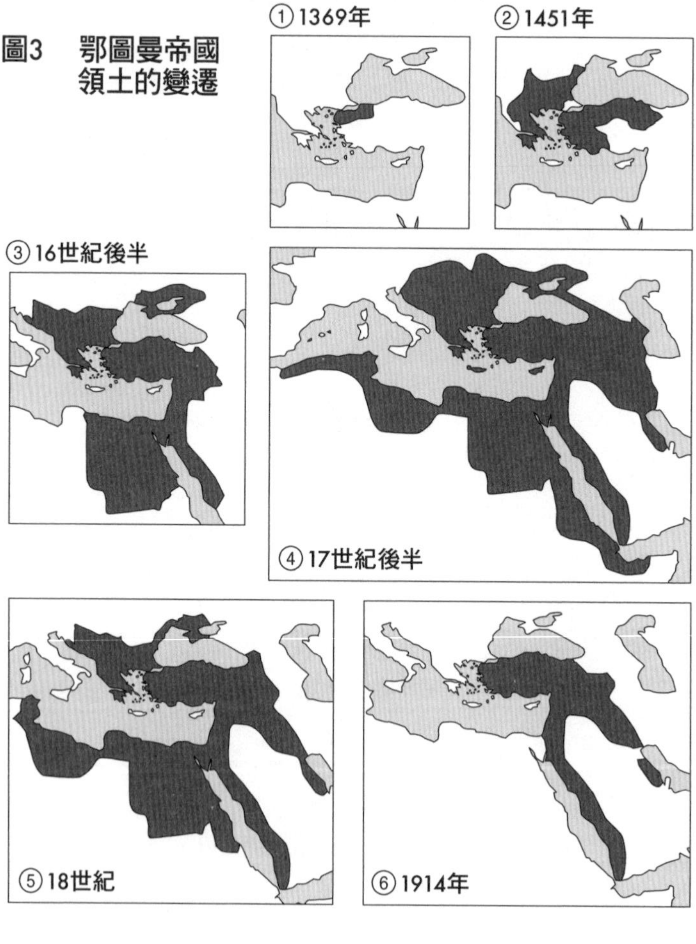

圖4　偉大理想（大希臘主義）

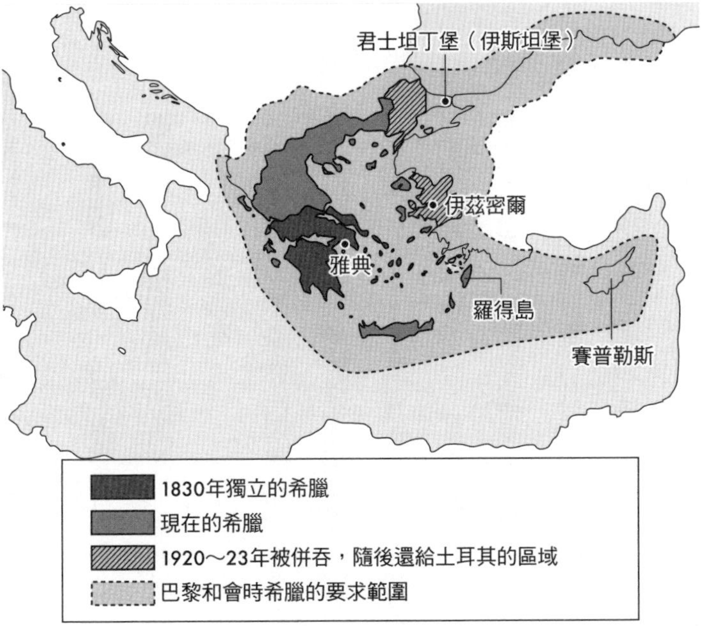

圖5　敘利亞・伊拉克勢力圖 2015年秋

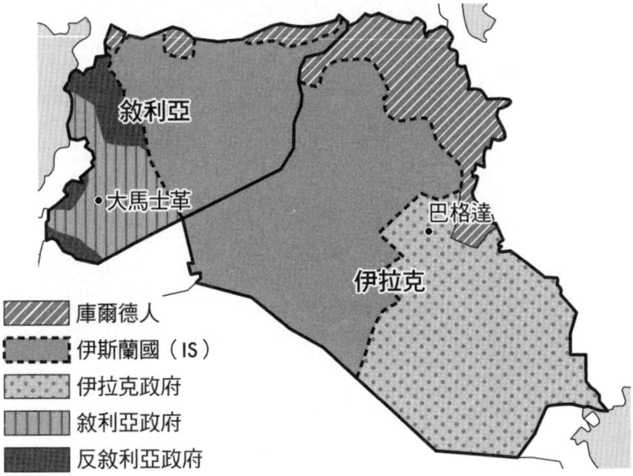

伊斯蘭國（IS）領導者自稱的「哈里發」起源

伊斯蘭國（IS）的領導者會被冠上「哈里發」的稱號。在阿拉伯語中，哈里發（繼承者）意指超越伊斯蘭教世俗的最高領導者，比最常被用在王者稱號中的蘇丹及阿卜杜勒還要崇高。

現今摩洛哥國王雖然使用了和哈里發同義的阿卜杜勒．慕敏這個名字，但一般認定末代自稱為哈里發者是由鄂圖曼帝國的蘇丹兼任。換言之，到第一次世界大戰敗北後被滅亡為止，鄂圖曼帝國因為在伊斯蘭教創始人（穆罕默德）死後所確立的哈里發制度位居頂峰，而一直被當成是伊斯蘭帝國的繼承者。

因此，本章我會以鄂圖曼帝國的成立與解體為主軸，帶大家來看伊斯蘭世界的領土變遷，並由此回溯古代美索不達米亞文明以及穆罕默德時代開始的歷史。

美索不達米亞是人類文明的發祥地。雖然在建立強大統一王國這方面埃及也不遑多讓，不過遠在那之前，美索不達米亞文明就在底格里斯河、幼發拉底河這兩河流域地區成立了城邦國家。

最初成立的大國，是後來因其遺跡被伊斯蘭國破壞而造成話題的亞述，不過第一個統治該地區全域的則是阿契美尼德王朝，即為波斯。從西元前五五〇年左右開始到被亞歷山大大帝滅亡的西元前三三〇年為止，它一直統治著整個中東，構築道路等基礎建設及官僚機構，被稱為史上最初的「帝國」。

然而，阿契美尼德王朝因為征服希臘失敗，被來自北方的馬其頓亞歷山大大帝討伐回去。亞歷山大雖然建立了融合東西方文明的帝國，但他英年早逝，其版圖被埃及托勒密王朝和敘利亞的塞琉古王朝瓜分，也將融合希臘文明及波斯文明的希臘化文明，意外地因此擴展到世界各地。

至於印度地區的阿育王王國，也是從亞歷山大入侵印度的衝擊中所產生。因佛像等文物而廣為人知的犍陀羅美術，它的起源正是亞歷山大融合東西方文明而產生的希臘化文化。不過關於它是如何受到希臘影響而產生，又是如何遠傳到位於東方的日本，我將在第七章的印度篇中介紹。

羅馬建立了包含希臘化世界、迦太基（現在的突尼西亞）所統治的西地中海世界，以及阿爾卑斯高盧一帶的廣大帝國。至於伊朗則是由安息帝國（西元前二三八左右～西元二二六）所統治。

安息是由來自呼羅珊省（伊朗東北部）的遊牧民族所建立。另一方面，成功重建了以農耕民為基礎之阿契美尼德王朝波斯的則是薩珊王朝（二二七～六五一）。他們創造了絢爛文化，其儀式與飲食等對後世都造成巨大影響，連正倉院的珍藏品之中，也有從那邊傳來的錦織物與玻璃碗等工藝品。

薩珊王朝和羅馬帝國、伊拉克、土耳其、敘利亞、亞美尼亞的邊界地區，也就是現在伊斯蘭國（ＩＳ）支配地區不斷發生爭議，導致美索不達米亞的通商路線中斷，取而代之繁榮起來的是橫跨敘利亞到阿拉伯半島西部葉門地區的通路。

在這段通路之間，有一個以崇拜克爾白神殿為核心的宗教暨商業都市麥加，其後覺醒的市民們因受到猶太教和伊斯蘭教影響而發展出的宗教即為伊斯蘭教。除了簡單、容易理解外，還呈現以商人為取向的斯多葛派生活道德教義，再加上給予了法律及統治機構相關方針，是一種只要在未開化地區傳播伊斯蘭教，就可以很輕鬆成立文明社會的優秀宗教。

從創始者穆罕默德死後到其四世為止，可以說是正統哈里發（六三二～六六一）時代。最後的哈里發是穆罕默德的表兄弟阿里，他同時也是穆罕默德之女法蒂瑪的丈夫。在阿里過世以後，伍麥亞王朝在大馬士革成立（伊斯蘭教什葉派不承認伍麥亞王朝）。

伍麥亞王朝（六六一～七五〇）征服了印度河流域、中亞、馬格里布諸國、伊比利半島。在這個時代，阿拉伯人獲得特別待遇，但不久後由得到反抗浪潮支持的穆罕默德叔父之子孫建立了阿拔斯王朝（七五〇～一二五八），並以巴格達為首都繁榮起來。只要是伊斯蘭教徒，不分種族都擁有平等待遇，之後也因融合了希臘、羅馬及薩珊帝國的文化，引進科學技術而逐漸發展。

進到十世紀後，阿拔斯王朝就沒落了。在一〇五五年被塞爾柱土耳其征服後，儘管形式上依然存在，然而由於蒙古西征並於一二五八年攻陷巴格達，哈里發只得流亡至埃及的馬木路克王朝接受庇護。不過一五一七年時鄂圖曼土耳其帝國的塞利姆一世將埃及納入管轄底下，亡命在外的最後一名哈里發——穆塔瓦基勒三世被送至伊斯坦堡；在他於一五四三年過世後，阿拔斯王朝就沒有繼承者了。

鄂圖曼帝國在獲取地中海制海權後擴張

最近，被稱為突北（土耳其人陵墓）的土耳其外部領地，因周遭變成敘利亞伊斯蘭國的統治地而受到孤立一事成了新聞話題。這是身為鄂圖曼帝國開創者鄂圖曼一世的祖父蘇萊曼沙阿（?～一二二七），在首次離開中亞、入侵中東時，不小心溺斃於幼發拉底河的地方。

突厥人居住在古代中國史中的蒙古高原。其後他們西移，並於現在的土庫曼斯坦改信伊斯蘭教。他們在土耳其西北部以傭兵身分獲得基地，鄂圖曼一世（在位一二九九～一三二六）將耶尼謝希爾定為首都建立國家，不久後遷都到布爾薩省的愛第尼（圖三之一）。

第三代的穆拉德一世以蘇丹自稱，藉由「科索沃戰役」（現在為脫離塞爾維亞獨立而成為爭議話題的地方）擊敗了塞爾維亞王國等巴爾幹聯合軍（一三八九年）。第七代的穆罕默德二世攻陷君士坦丁堡，殲滅了東羅馬帝國（一四五三年）（圖三之二）。

接著，第九代的塞利姆一世殲滅埃及的馬木路克王朝（一五一七年），從阿拔斯王朝的末代得到了哈里發的稱號（圖三之三）。

以賢君聞名的蘇萊曼一世（第十代）包圍了維也納（一五二九年），透過普雷韋扎海戰（一五三八年）擊敗了西班牙和威尼斯的海軍，得到地中海制海權。歐洲方進行復仇，於一五七一年在希臘的科林斯灣展開勒班陀戰役，之後歐洲的反擊就開始了。

鄂圖曼帝國最強盛時期的領土，範圍比東羅馬帝國更遠，延伸到阿拉伯半島（圖三之四）。帝國雖然採取只要是伊斯蘭教徒就沒有民族差別待遇的制度，但在民主化的過程中，卻朝著強迫使用土耳其文以及中央集權等土耳其民族主義的方向前進（圖三之五）。

除此之外，以俄羅斯和奧匈帝國為後盾的斯拉夫民族和義大利人陸續在巴爾幹半島上獨立，埃及地區則是阿爾巴尼亞裔的總督穆罕默德·阿里以法國為後盾自治，並透過總督世襲制實質上脫離鄂圖曼帝國（一八四一年）。

希臘與土耳其關係為何不好

在第一次世界大戰時，鄂圖曼帝國是站在德國和奧匈帝國那一邊，進而引發了亞美尼亞人屠殺事件、阿拉伯起義、猶太復國運動（回歸錫安——位於耶路撒冷的某山丘名字）以及希臘問題。

亞美尼亞人被稱為「高加索的猶太人」。雖然在種族和宗教上跟猶太完全無關，卻像猶太人一樣沒有祖國，在世界到處流浪。還有他們也和猶太人一樣，獨霸了鄂圖曼帝國的金融領域。

十九世紀時，俄羅斯從伊朗那裡獲得了古亞美尼亞王國的一部分，並建立亞美尼亞州。在那之後，俄羅斯便成為鄂圖曼帝國內的亞美尼亞人的後援，但在第一次世界大戰時，亞美尼亞人也因此被鄂圖曼帝國懷疑勾結俄羅斯，於是被強制移居到亞美尼亞地區。在這過程中，據說大約有一百萬人左右的亞美尼亞人死亡。

關於這個事件，土耳其主張並非刻意為之，也不承認虐殺。另一方面，在擁有眾多亞美尼亞移民的法國，則將「否認亞美尼亞人種族滅絕」視為犯罪。法國前總理巴拉杜、歌手阿茲納吾爾、指揮家卡拉揚等人都是亞美尼亞裔。

雖然希臘人在鄂圖曼帝國受重用，但從十八世紀開始就因為俄羅斯南下的壓力、有些人漸趨嚮往古希臘的榮光的等原因，導致他們開始發起脫離鄂圖曼帝國的運動，最終得以在一八三〇年獨立。不過，希臘獨立的根源在於復興東羅馬帝國，因此有人認為首都不該設在雅典，而是君士坦丁堡（伊斯坦堡）才對，領土也理當要更廣大。

這種「偉大理想」（大希臘主義）的觀點在第一次世界大戰後逐漸風行，希臘曾有一度將土耳其的都市士麥拿（土耳其名為伊茲密爾）編入版圖，不過後來還是敗給國力回升的土耳其。又因雙方都在尋求民族淨化，導致無論是在土耳其的希臘人，還是在希臘北部的伊斯蘭教徒，都被驅逐、離開已經住了數世紀以上的土地（圖四）。

現今大希臘主義依然存留，在曾是鄂圖曼帝國的賽普勒斯獨立時（一九六〇年），也曾發生合併進希臘的運動。一九八三年，由於土耳其語系和希臘語系居民的對立，賽普勒斯北部的土耳其語系居民發表獨立宣言，聲稱為「北賽普勒斯．土耳其共和國」。希臘對此感到憤怒，現在依然對土耳其加入歐盟一事不斷進行抗議。希臘在馬其頓獨立時也對其國名提出異議，希望在聯合國等場合下可以將其改稱為「前南斯拉夫．馬其頓共和國」。

庫德人將伊斯蘭國的問題複雜化

關於中東現今國境線的起源，有人說是西歐諸國擅自劃分的，但這並不完全正確。基本上，這原是鄂圖曼帝國裡面的各州領土。

第一次世界大戰以前，伊拉克的領域包含了摩蘇爾、巴格達和巴斯拉各州。戰後，這三州在英國的影響下成為哈希姆家族中費薩爾國王所建立的伊拉克王國（一九二一年），敘利亞地區南部也是受到英國影響，其他地區則是受法國影響。北部地區以大馬士革為首都成立了敘利亞（一九四六年），而擁有許多基督教徒的沿岸區一部分則變為黎巴嫩（一九四四年）。

伊斯蘭國如今意圖重繪整個中東地圖，其中最受矚目的是庫德人的動向。

庫德人是接近波斯語系的民族，散居在土耳其、伊拉克、伊朗、敘利亞及亞美尼亞等地。然而在鄂圖曼帝國解體的過程中，庫德人很不幸地被忽略，因此在土耳其地區屢屢爆發嚴重的少數民族衝突。伊拉克問題亦是其一，即使每個國家都對海珊政權用沙林毒氣打壓庫德人嚴厲譴責，但在「伊拉克國家解體會造成地域不安定」的狀況下，根本沒有辦法支持庫德人獨立。

隨後出現的大問題是伊斯蘭國在庫德人居住地擴大勢力範圍，庫德人因此出現了強烈的抵抗勢力。庫德人之中大多為遜尼派（伊斯蘭國也是遜尼派），但因為混雜了一部分名為雅茲迪的混合宗教教徒，故引發伊斯蘭國的嫌惡（圖五）。

無論如何，在這地區除了遜尼派和什葉派這兩大勢力外，還有敘利亞阿薩德總統所信仰的阿拉維派（接近什葉派的少數派）、雅茲迪以及少數的基督教徒等等，極為複雜。舉例來說，海珊政權的副總理阿齊茲為亞述人，屬於迦勒底教會派的基督教徒，說的是亞拉姆語，那是在阿拉伯語風行以前的中東通用語言，據說耶穌基督也是以這種語言傳道。

如此這般，中東宗教與宗派的狂熱化引發了民族問題，連領土爭議也包含各種複雜的面向。此外，造成中東不安定的另外一個理由在於土耳其與埃及這兩個大國，很不幸地並非產油國家，導致遜尼派國家缺乏有力的領導者。

第 5 章

以色列

正式名稱・英語正式名稱

以色列國・State of Israel

別國語言的稱呼

יִשְׂרָאֵל מְדִינַת（希伯來）、Israel（英）、以色列（中）

首都

耶路撒冷（實質上為特拉維夫）

語言

希伯來語、阿拉伯語

面積

兩萬兩千平方公里

人口

八百三十四萬人

貨幣

新謝克爾

國旗

中央有大衛之星

國歌

希望

（Hatikva。以摩爾達維亞民謠為基礎的錫安主義讚美歌）

宗教

猶太教百分之七十八

民族

猶太人百分之七十八

國慶日

猶太曆以珥月（又稱西弗月）五日（獨立紀念日）

圖1
大希臘化時代的四地區

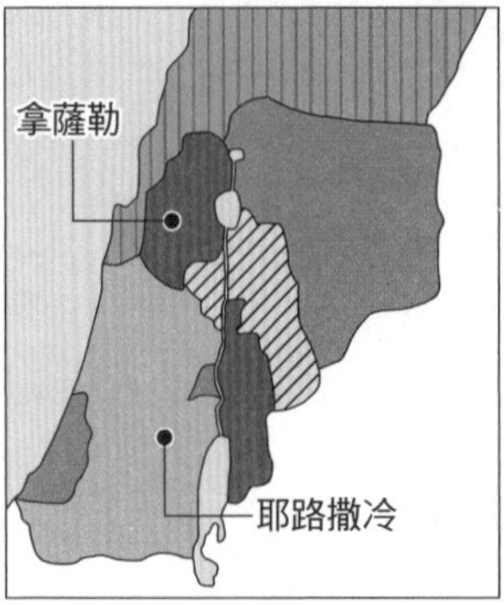

圖2
十字軍時代

圖3
鄂圖曼帝國時代

圖4　現代的耶路撒冷
舊市街地

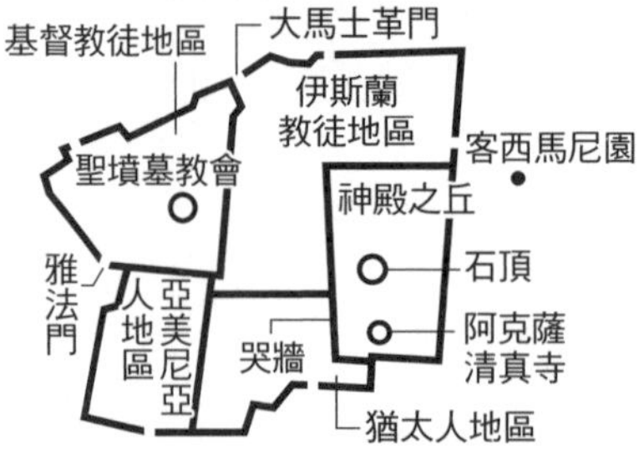

圖5　耶穌時代的耶路撒冷

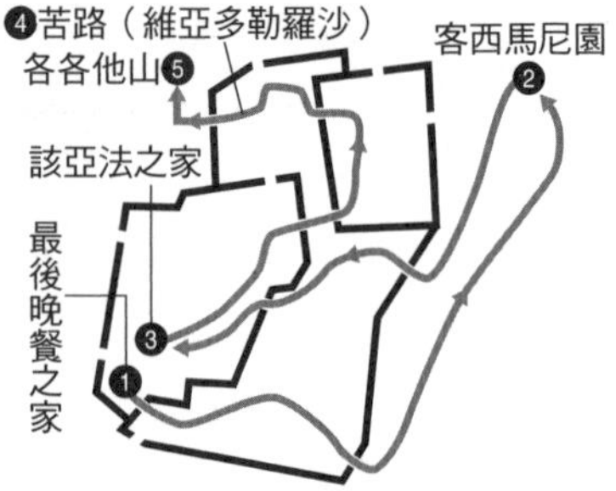

❶到❺的箭頭是耶穌最後之日的路徑

圖6　以色列的變遷

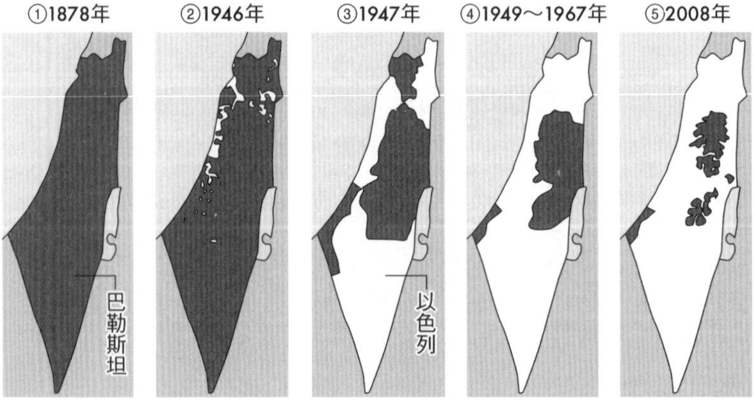

以色列與巴勒斯坦的糾葛

首先讓我簡述一下以色列和猶太人的歷史，當作思考以色列與巴勒斯坦之間領土問題的提示吧。

巴勒斯坦這塊地，原本是鄂圖曼帝國的領土。鄂圖曼帝國在民族和宗教方面並沒有顯著的問題，因為以阿拉伯人為主的伊斯蘭教徒，和基督教徒、猶太教徒之間保持良好的關係共存。此地之所以被稱為巴勒斯坦，是因為第一次世界大戰後鄂圖曼帝國解體，位於中東西北部的敘利亞地區由法國委任統治，東部的美索不達米亞地區和西南部的巴勒斯坦地區則交由英國管轄。

巴勒斯坦的名稱來自於古代和猶太人互相爭地的非利士人，羅馬人根據那裡曾是非利士人的居住地而命名。在鄂圖曼帝國時代，巴勒斯坦是敘利亞的一部分。說到非利士人，在舊約聖經上提到的人物都廣為人知，如與大衛戰鬥的巨人歌利亞、誘惑參孫的美女大利拉等人。

巴勒斯坦問題的開端，是發生在第一次世界大戰期間。英國對曾為麥加謝里夫（對管理麥加和麥地那這兩個聖城領袖的敬稱）的穆罕默德及同族哈希姆一家的海珊，約定要讓他們建立阿拉伯國家並支持起義（一九一五年，亨利・麥克馬洪—海珊書信）；另一方面，又對猶太人說會藉由「貝爾福宣言」（一九一七年）支持其建國。這種雙重約定引起了爭議。

猶太教徒對聖地耶路撒冷（Jerusalem）抱有強大興趣是很自然不過的事，中世紀以來便有零星人員移居至此。而所謂「錫安主義」（猶太復國主義）的發端，是一名奧地利記者赫茨爾以猶太裔士兵在法國的冤獄事件——屈里弗斯事件（一八九四）——為題材，提倡建立猶太國家的緣故。

一八九七年，第一屆世界錫安大會在巴塞爾舉辦。受此影響，猶太人對建立國家的行動越來越積極。當初候選的建國地區不是只有巴勒斯坦，英國還提出在烏干達一隅的提案。雖然赫茨爾並未反對，不過東歐語系的猶太人卻執著於巴勒斯坦，並將其當成建國運動的首選目標。

不久後，全世界的猶太移民湧入了約旦河以西的巴勒斯坦，控制住原本居住在當地的阿拉伯人，開始進行統治。至於約旦河東側（外約旦），則是哈希姆家族所建立的約旦王國（圖六之二）。

英國對猶太人欲建立國家的態度非常謹慎，因此猶太人甚至對英軍司令部發動恐攻。雖然這是英國人自己引發的混亂，他們卻袖手旁觀，並決定撤出巴勒斯坦，於是以色列就在一九四八年建立起來。

阿拉伯諸國不承認以色列建國，於是發起第一次中東戰爭（一九四八～四九），但因為猶太軍人多在歐美有過參戰經驗，故由以色列獲得勝利。然而，這一戰並未讓以色列取得東耶路撒冷（舊城區），該地及其餘非以色列佔領區域被約旦併吞（圖六之四）。

第二次中東戰爭（一九五六～五七）是因為在蘇伊士運河擁有利權的英、法與以色列合作，反對埃及納賽爾總統將蘇伊士運河國有化，於是發動戰爭。由於美國站在埃及方，最後埃及獲得了實質上的勝利。

第三次中東戰爭（一九六七年）也是由埃及的納賽爾總統發起，但以色列國防部長達揚所率領的軍隊，很快就佔領了西奈半島、加薩走廊、敘利亞的戈蘭高原、約旦的東以色列及約旦河西岸全區，獲得一面倒的勝利（西奈半島之後因和解而還給埃及）（圖六之五）。

巴勒斯坦解放組織（PLO）在阿拉伯諸國的支援下，一九六四年時於約旦的安曼成立，不過在一九七〇年因為被壓迫而遷移到黎巴嫩的貝魯特。雖然在一九七四年時獲得聯合國大會的旁聽資格，得到國際認可，但由於以色列侵略貝魯特，於是一九八二年又遷移到突尼西亞。

經過長期交涉，巴勒斯坦解放組織的阿拉法特議長和以色列總理拉賓，於一九九三年締結了奧斯陸協議，巴勒斯坦成立了臨時自治政府，持有包含加薩走廊與聖地伯利恆的約旦河西岸等領域。然而約旦河西岸百分之六十仍由以色列控制，且以色列不同意巴勒斯坦建國，反對巴勒斯坦在約旦河西岸建設新定居地等措施，因此遭受國際社會批評。

身為伊斯蘭教徒的巴勒斯坦人，也是古代猶太人的子孫？

接下來，讓我們重新回顧一下猶太人的歷史。

被稱為「以色列國」的以色列自然是國名，不過所使用的語言叫「希伯來語」，以民族而言則是「猶太人」。

從語源上，希伯來意味著「渡河而來的人」。以色列是從被視為以色列民族祖先亞伯拉罕的孫子——雅各的別名而來，其意為「與上帝角力者」，而從那些孩子底下，誕生出十二個以色列族群。猶太這個名稱，則來自於原意為「讚美、感謝」的雅各四男猶大。

以色列人民跟隨亞伯拉罕，從美索不達米亞移居到所謂的約定之地，即為巴勒斯坦的迦南。也有一些人往埃及移動後由摩西率領返回，大約在西元前一千年左右建立了以色列王國。

不久後以色列王國進入分裂時代，最後由南部的猶太族大衛王統一，將首都建於耶路撒冷（西元前九九五），其子所羅門在位時開啟了全盛時期（西元前九七一～西元前九三一）。沒想到後來又分裂成北方的以色列王國及南方的猶大王國，前者被亞述人、後者被巴比倫人所滅。猶太人中的上流階級因此被囚禁在巴比倫地區（西元前五九七～西元前五三八），直到波斯帝國（阿契美尼德王朝）佔領了巴比倫才被釋放（西元前五三八年），回到了迦南。威爾第所寫的歌劇《納布科》中，「飛吧！思想，乘著金色的翅膀！」這段合唱就是在描述當時猶太人的境遇。

在那之後，猶太人被馬其頓人所建立的托勒密王朝及羅馬帝國統治。耶穌基督活躍的時代，即是以羅馬的保護國國王身分進行強力統治的大希律王過世後，其兒子們實施分割統治的時期（圖一）。

耶穌在進行傳教之前所住的拿撒勒等加利利地區，是大希律王其中一個兒子——希律．安提帕斯的領地。耶路撒冷也同樣是由其中一個兒子——希律．亞基勞斯所繼承，不過在他死後就變成羅馬的直轄地，由總督比拉多進行統治。

近代耶路撒冷市區中，城牆的位置與耶穌時期有些許差異。耶穌最後的晚餐之家原本在城牆內側，現在變為外側；各各他山過去為城牆外側，現為內側。儘管如此，神殿之丘的範圍卻幾乎相同，成了猶太教、基督教與伊斯蘭教三個宗教的聖地（圖四、五）。

後來猶太人對羅馬帝國發起叛亂，但在一三一年時被羅馬帝國的哈德良大帝鎮壓，耶路撒冷的神殿遭到破壞，開啟了猶太人從巴勒斯坦到處流亡的時代。

然而猶太人究竟有沒有真正被流放，這件事情依然缺乏定論。在那之後也出現了留在巴勒斯坦的米茲拉希猶太人，據說不久後也有很多人改信伊斯蘭教。又或者，也許身為伊斯蘭教徒的巴勒斯坦人，才是古代猶太人的正統血脈也不一定。

之後，君士坦丁大帝之母——海倫娜努力將耶路撒冷視為聖都，最後更成為伊斯蘭教聖地。由於塞爾柱土耳其妨礙基督教徒的巡禮，引發十字軍東征，曾經有一度出現了以法國貴族為王的耶路撒冷王國（一〇九九～一二九一）（圖二）。其創立者布永的戈弗雷，曾於小說《達文西密碼》中以耶穌和抹大拉的馬利亞之子孫的身分登場。

各國大使館不設在耶路撒冷列的原因

若要探討耶穌的教誨究竟是使用哪種語言，恐怕耶穌本身也未必會講希伯來語。當時巴勒斯坦地區主要說亞拉姆語，和希伯來語同屬閃米語系。不僅是在亞述等美索不達米亞的各個王國，在阿契美尼德王朝的波斯中，亞拉姆語和波斯語同樣被當成通用語而廣泛使用。舊約聖經的原文基本上都用希伯來語，但也會根據成立時期而混雜著一些亞拉姆語。但最終隨著伊斯蘭化，阿拉伯語晉升成國際語言，取代了同屬閃米語系的亞拉姆語；留在巴勒斯坦的猶太人，後來也開始說阿拉伯語了。

到了十九世紀後半，移居至巴勒斯坦的猶太人們才復興出現代版的希伯來語，作為以色列的國語。

原本猶太人就不是以人種分類，而是以宗教歸屬的民族。占了世界上大半猶太人比例的阿什肯納茲猶太人（東歐語系），一般都被認為和古代猶太人之間沒有血緣。他們在身體特徵上，和那些移居到北非的塞法迪猶太人以及留在巴勒斯坦的米茲拉希猶太人等等這些大家認為與古代猶太人之間有直接血緣關係的人們完全不相似，古代猶太人之中似乎也沒有很多人擁有被視為現代猶太人特徵的鷹勾鼻。順帶一提，在現今的以色列國民之中，僅有一半左右的塞法迪猶太人。

在東歐地區，中世紀時曾經存在著改信猶太教的王國，據說他們是東歐猶太人的祖先。其中最有名的就是從七世紀到十世紀之間，於窩瓦河河口附近繁榮起來的可薩王國。

以色列雖然主張其首都為耶路撒冷，但卻沒有得到國際性的認可，各國大使館都集中在海岸附近的特拉維夫一帶。近年來巴勒斯坦建國議題使得中東和平面臨危機，未來情勢可說是越來越不穩定了。

第 6 章

俄羅斯

正式名稱．英語正式名稱

俄羅斯聯邦．Russian Federation（Russia）

別國語言的稱呼

Россия（俄）、Russia（英）、
Russie（法）、俄羅斯（中）

首都

莫斯科

語言

俄語、各民族語

面積

一千七百〇七萬五千平方公里

人口

一億四千三百萬人

貨幣

盧布

國旗

白藍紅的橫條三色旗

國歌

俄羅斯聯邦國歌（同舊蘇聯國歌，但歌詞改寫）

宗教

希臘東正教百分之七十五、伊斯蘭教百分之十

民族

俄羅斯人百分之八十七

國慶日

六月十二日（從蘇聯獨立的紀念日）

圖1　俄羅斯的變遷

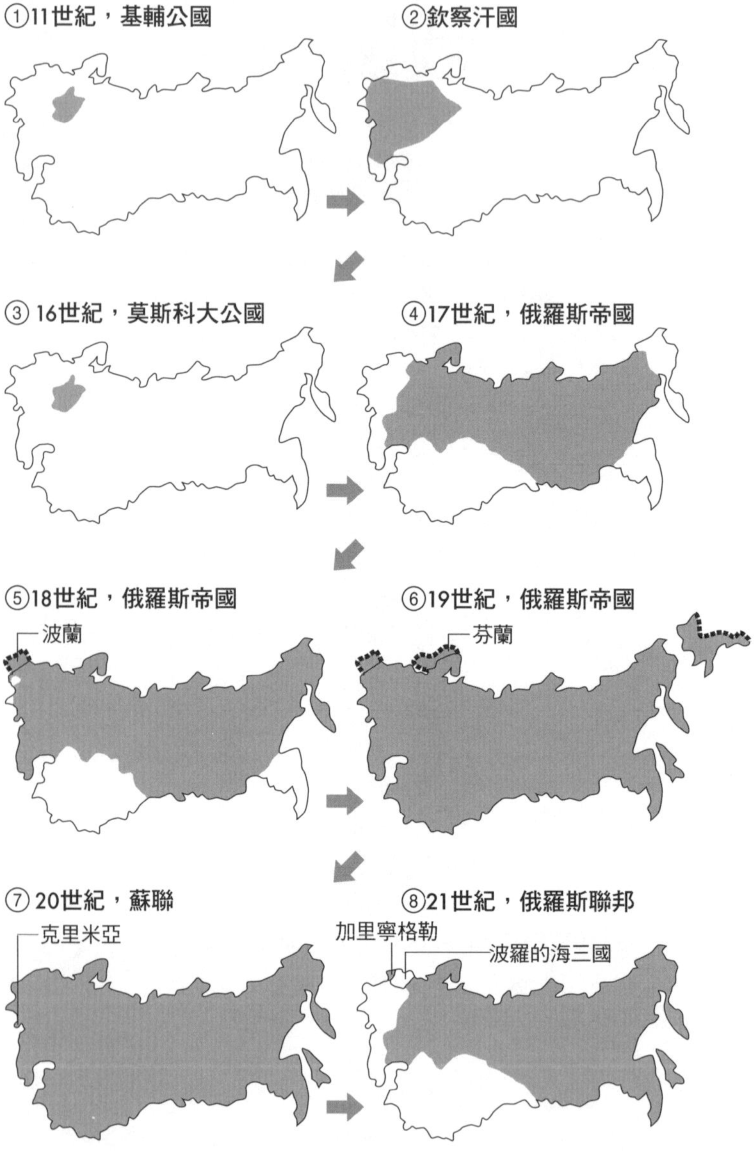

※ 輪廓線為舊蘇聯領土

取自八幡和郎《世界國名地名知識大全》
（暫譯）

圖2　俄羅斯的領土紛爭

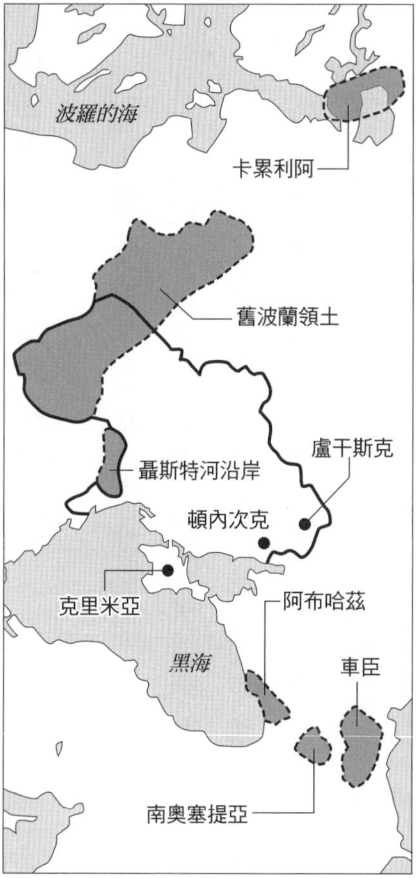

圖3　近代日俄間的領土變化

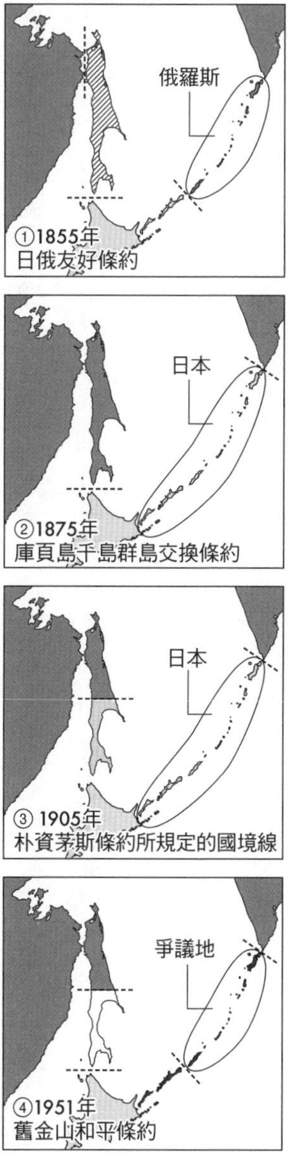

原本應為日本領土的庫頁島與千島群島，卻因為江戶幕府的鎖國而錯過時機

混合居住地　爭議地
俄羅斯　所屬未定地
日本

俄羅斯侵略克里米亞的背景

要正確理解克里米亞與烏克蘭之間的問題，我們必須動員所有的世界史知識。

二〇一四年，俄羅斯總統普丁侵略克里米亞，為了要封住對立的烏克蘭海軍戰力，他們在烏克蘭的軍港附近故意擊沉老朽船隻，讓烏克蘭艦隊沒有辦法出港，這簡直就是日俄戰爭中封鎖旅順港的廣瀨中佐事故重現。除此之外，由於俄羅斯的正規軍沒有辦法立即進入克里米亞，於是就出現了義勇兵——哥薩克軍團，他們是一群將遊牧生活與戰鬥軍務結合的馬賊。在司馬遼太郎的《坂上之雲》一書中，秋山好古率領法國騎馬軍團進行對決的敵軍，就是世界上最強的哥薩克軍團。在俄羅斯革命以後，普丁私底下收服了受到冷落的哥薩克人，以備不時之需。

對俄羅斯而言，克里米亞是一個特別的地方。自從此地被蒙古帝國佔領以後，該地就被納入蒙古語系的韃靼人統治下。被「韃靼（蒙古）之軛」束縛住的俄羅斯，於十八世紀的俄羅斯女皇凱薩琳二世（一七二九～九六）在位時（圖一之五），殲滅了欽察汗國最後餘黨克里米亞汗國並侵略黑海沿岸。克里米亞從被統治到獨立，總共花了將近五百年的時間；在第二次世界大戰時決定日本命運的雅爾達會議，就是在克里米亞舉行。

因此對現在的俄羅斯來說，克里米亞是一塊絕對不能讓出的領土，然而傳統上所謂烏克蘭的領地，卻延伸到克里米亞的北部地區。說到烏克蘭的領地，東部是由俄羅斯人、西部和中部則為烏克蘭人所組成，整體結合起來才形成一個名為烏克蘭的國家。

烏克蘭會變成這樣是有原因的。構成前蘇聯的十五個共和國（烏克蘭為其中之一），原本並不存在於歷史上，而是在蘇聯成立後以獨特的民族學思想為基礎劃分出來的十五個區域，並不是自然形成的國家。

這麼一來，連和傳統烏克蘭領地毫無關係、居住著許多俄羅斯人的土地（東部），也包含在烏克蘭的領土內。再者，一九五四年當時的第一書記赫魯雪夫，也將烏克蘭南部的克里米亞編入自己的地盤——烏克蘭共和國。赫魯雪夫生於鄰近烏克蘭的俄羅斯，長年為烏克蘭的負責人。在以不讓蘇聯崩毀的前提下，由於克里米亞的位置宛如俄羅斯的飛地，於是他強行將克里米亞劃為烏克蘭內的自治共和國。

除此之外，在第二次世界大戰發生後，他也將原本為波蘭土地的加利西亞等地劃入烏克蘭，造成烏克蘭國內反俄羅斯地區的比例大幅增加。而對俄羅斯海軍來說，克里米亞的賽凡堡、烏克蘭西部的奧德薩這兩個軍港的地位，就跟波羅的海的軍港、海參崴一樣，都是重要的軍事基地，但它們最後也變成了烏克蘭的領地。

此外，雖然日本不太了解其中詳情，不過在蘇聯解體時，像烏克蘭等這些俄羅斯以外的前蘇聯共和國之構成國，也提出了自己必須保有蘇聯軍核武兵器的要求。這讓俄羅斯和歐美感到相當困擾，於是俄羅斯透過一九九四年的「布達佩斯安全保障備忘錄」獨佔了核武兵器，但也付出「未來俄羅斯都不再有機會變更國境」的代價。

由於烏克蘭具有如此背景，在二〇一四年出現反對親俄派統治的民族主義政權後，歐美諸國立刻表示贊同，並說出願意接受烏克蘭加入北大西洋公約組織（ＮＡ

TO）及歐盟等發言。俄羅斯總統普丁對此非常憤怒，便將克里米亞併吞進俄羅斯領土內。不僅如此，位於烏克蘭東部、住有許多俄羅斯人的頓內次克地區，也提出必須給予高度自治權的要求。這是烏克蘭問題的開端與現況，並使俄羅斯遭受歐美各國的責難。

從法律跟歷史來看，很難一概而論到底何者才正確。但總而言之，要處理像烏克蘭這樣的火藥庫問題，對歐美各國來說無疑都是一個很麻煩的包袱。比起是非分明，我認為尋找適當的妥協點會比較高明。

除此之外，烏克蘭和俄羅斯之間的關係，還可以用一種「本家鬥爭」的層面來看，以下就讓我來說明吧。

協助建立俄羅斯，卻不是俄羅斯人的三個民族

俄羅斯和西歐的關係，最初是由法王亨利一世（一〇〇八～六〇）的王妃所建

立，即為來自基輔大公國、名叫安娜的美麗公主。

當時的羅馬教會嚴格禁止近親結婚，不過王妃又必須是某個國家的公主才行，因此法國人開始在西歐尋找適當的王妃候選人，最後從遙遠的基輔迎娶安娜公主。以當時的年代來說，她是非常罕見「能夠認字的精英」，而且她還帶了大量的拜占庭帝國金飾當嫁妝，讓法國人大吃一驚。

安娜公主的祖父是基輔大公弗拉基米爾（九五八～一〇一五），他讓俄羅斯成為基督教國家。此外，因為弗拉基米爾的王妃是東羅馬帝國的公主，即使安娜的父親並非王妃之子，對於後進國家的法國來說，能在名義上與基督教世界首屈一指的帝國皇室結親也還是非常有榮譽。

俄羅斯國家的起源與非俄羅斯人的三個民族有關。首先，俄羅斯這名稱來自於維京。當時住在離波羅的海有些距離之內陸、名為諾夫哥羅德這座商業都市的斯拉夫人們，非常希望一位叫留里克的人能成為他們國家的保護者，於是他就此稱王，這就是俄羅斯的起源，這個國名也是從維京人稱呼自己部族的名字「羅斯」而來。

當時由於撒拉森人的侵略，地中海貿易逐漸衰退，反而藉由河川從波羅的海到黑海這段路線因交易繁榮起來。羅斯人們沿此路線南下，以基輔為根據地。接著，改信基督教的留里克曾孫弗拉基米爾，迎娶東羅馬皇帝巴希爾二世的妹妹為王妃，成立了基輔公國。此為九九八年發生的事情（圖一之一）。

然而，基輔公國卻因為領土不斷分割繼承而失去向心力。面對成吉思汗軍隊的攻擊，他們毫無招架之力，只能任其蹂躪，於是欽察汗國就在窩瓦河下游建立國家。而在中亞是察合台汗國，伊朗的大不利茲則是伊兒汗國（請參照第四章圖二）。

所謂「韃靼之軛」，指的是俄羅斯被欽察汗國統治的時代，不過蒙古人並非直接控管俄羅斯的中心地帶，而是以納貢的方式間接統治（圖一之二）。

此時，屬於天主教徒的德意志騎士團（又名條頓騎士團）殖民了波羅的海沿岸一帶，並意圖入侵被蒙古民族統治的俄羅斯。對此，留里克的後裔、諾夫哥羅德公國的王子雅羅斯拉維奇・涅夫斯基（一二二〇～六三）獲得蒙古支援，擊退德意志騎士團，成為弗拉基米爾大公。相關故事由愛森斯坦執導拍成電影，搭上普羅高菲夫的配樂，讓涅夫斯基成為俄羅斯家喻戶曉的國民英雄。

其幼子丹尼爾與子嗣所興起的國家為莫斯科公國（圖一之三），並於十四世紀時升格為大公國。莫斯科公國藉著擔任替欽察汗國收取貢金的角色而擴展力量，並在東羅馬帝國君士坦丁堡淪陷後沒多久的一四七二年，伊凡三世（一四四〇～一五〇五）迎娶了東羅馬帝國末代皇帝君士坦丁十一世的姪女為妃，開始自稱「沙皇」，並宣布從欽察汗國獨立。

歐洲人在君士坦丁堡淪陷後的初期，以友好態度接受了俄羅斯的獨立，並期待莫斯科成為「第三羅馬」。俄羅斯政府建築了克里姆林宮，而在發生革命之前，沙皇加冕儀式都在莫斯科的聖母安息主教座堂舉行。

伊凡四世（雷帝）是伊凡三世之孫，他的母親則繼承了韃靼（蒙古）人英雄的血統。他併吞了從欽察汗國分裂出來的喀山汗國（一五五二年）、阿斯特拉罕汗國（一五五六年）。在紅色廣場中那座有著洋蔥式圓屋頂的聖瓦西里大教堂，就是為了紀念對喀山汗國的勝利所建。

自此，直到因俄羅斯革命而被殺害的尼古拉二世（一八六八～一九一八）為止，中間的沙皇不管是否為直系，都或多或少和雷帝有姻親關係。外戚鮑里斯．戈東諾夫在直系血脈斷絕後即位，但波蘭與立陶宛擁立理當早已過世的偽皇室幼子，聯軍佔領了莫斯科。穆索斯基所寫的歌劇「鮑里斯．戈東諾夫」，就是以此為舞台。

這場紛爭同時也是由天主教引起的宗教戰爭，但在伊凡四世（雷帝）王妃的兄長之孫，也就是羅曼諾夫王朝的始祖米哈伊爾上位後，紛亂終於平息。

開拓海洋貿易的彼得大帝

穩固了俄羅斯成為大國之基礎的人是彼得大帝（一六七二～一七二五）。由於他在對抗瑞典的北方戰爭中獲勝，得以在波羅的海進行期望已久的海洋貿易，於是他設立了聖彼得堡並遷都過去。除此之外，他還擊敗了波蘭．立陶宛聯軍，確保住烏克蘭西部及白俄羅斯（圖一之四）。

說到和彼得大帝一起將俄羅斯發展起來的大功臣，就是女皇凱薩琳二世（一七二九～九六）。彼得大帝之女安娜嫁給德國霍爾斯坦．戈托爾夫公爵為妃，她的兒子後來即位為彼得三世，但他實在太不可靠，於是眾人改為擁立皇后執政，她就是凱薩琳二世（其出身為德國的安哈特—采爾布斯特親王之女）。凱薩琳是伏爾泰的友人，被認定為啟蒙時代典型的開明專制君主。她在私生活方面有許多愛人，人稱「皇位上的蕩婦」，但她的政治手腕強悍，連德國的梅克爾首相也將她的肖像放在辦公室裡面致敬。

在幫助她的人士之中，有一位以愛森斯坦的電影《波坦金艦隊》而聞名的將軍（也是她的愛人），從政治上來看他們就像是共同統治者。這位波坦金將軍在一七八三年時將克里米亞汗國滅亡，俄羅斯終於能夠把黑海納入領域。波坦金同時也是賽凡堡和奧德薩的建設者。

而留在其他地區的韃靼人中，亦有被俄羅斯同化的人們，這些以民族形式殘存下來的韃靼人，後來變成常常因為克里米亞等問題而出現在新聞上的少數民族。

很意外地，西伯利亞很早就已經是俄羅斯的領土，其名字是來自於從欽察汗國分裂而出、並於鄂畢河支流附近成立的西伯利亞汗國。由於烏拉山脈以西地區的動物都已被製成毛皮導致貨源不足，一五九八年毛皮商斯特羅加諾夫招聘私人軍隊將西伯利亞汗國給滅亡（俄羅斯料理中的俄羅斯酸奶牛肉，就是他的發明）。

毛皮商人進一步往東方前進，分別於一六四八年和其四年後奪取了鄂霍次克海及南西伯利亞的伊爾庫次克。由於俄羅斯和清朝康熙皇帝之間簽訂了尼布楚條約，不能進入到以外興安嶺為國境的南方地區，不過還是得手了堪察加半島（一七〇〇年左右）和阿拉斯加（一八〇〇年左右，一八六七年時賣給美國）。在鴉片戰爭之後，俄羅斯又透過一八五八年所簽訂的璦琿條約獲得黑龍江左岸，以及一八六〇年所簽訂的北京條約得到不凍港海參崴（圖一之六）。

北方領土問題的歷史與原委

關於日俄北方領土爭議的遠因，起始於北海道的松前氏在江戶時代初期，便宣示將庫頁島及堪察加半島納為個人領土，但幕府並未深入開發而引起。如果當時沒有鎖國，就可以學到中國和歐美對應寒帶氣候的生活方式及農耕法，然而該時期的幕府卻因為無法透過南日本的生活和農業來開發寒冷地區，最後就放棄了。

接到千島地區出現赤蝦夷（俄羅斯人）的報告以後，一七九八年幕府派大臣近藤重藏在擇捉島建立「大日本惠登呂府」之碑。一八〇九年，間宮林藏於庫頁島發現了間宮海峽。當時俄羅斯正在參與拿破崙戰爭，這應該是個能夠確立領土統治的機會，但幕府對蝦夷以北的開發欠缺熱情。

在培理艦隊來日並簽訂了日美和親條約（神奈川條約）後，日本又於一八五五年在伊豆・下田和俄羅斯簽署日俄和平條約（下田條約），決定在千島一帶以擇捉島及得撫島為國境，庫頁島則不劃國境線，作為混居地。日本主張要以北緯五十度做為日俄之間的國境線，但俄國主張除了日本人和蝦夷之阿依努人統治的亞庭灣周邊最南方以外，千島地區應為俄羅斯領地，為此他們劃了一條平行線，就變成了這般結果（圖三之一）。

這個「混居」狀況並沒有持續太久，俄羅斯就意圖強迫日本接受以北緯四十八度線為國境線，不過最後談判還是破裂。進入明治時期以後，黑田清隆開拓次官主張放棄需耗費過多成本的庫頁島，並透過特命全權公使榎本武揚的交涉，於一八七五年簽訂「庫頁島・千島群島交換條約」，日方以將庫頁島割讓給俄羅斯為條件，交換得撫島以北的千島十八島（圖三之二）。後來又因為日俄戰爭的結果，日本重獲得北緯五十度以南的庫頁島地區（圖三之三）。

然而在一九四五年的雅爾達會議中，英國、美國都和史達林約定要將庫頁島南部及千島列島交付給蘇聯。蘇聯於八月十一日入侵庫頁島南部，到九月五日為止總共佔領了擇捉、國後、色丹島及齒舞群島。

由於舊金山和平條約規定，日本承諾要放棄千島群島，不過蘇聯並沒有參與這項條約。

除此之外，北方四島究竟是否有包含在千島群島也是個問題。在日蘇交涉的過程中，美國國務院的備忘錄上明確記錄了四島為日本領土，日本的主權具有正當性。關於這一點，美國也要求日本絕對不能妥協，結果因為一九五六年的「日蘇共同宣言」，在簽訂了和平條約後齒舞、色丹歸還給日本，而國後、擇捉則主權未定，這個狀態從締結合約後就一直延續到現在。

蘇聯十五個共和國的榮耀和興衰

蘇聯時代除了俄羅斯以外，還有十四個共和國。一九一七年發生了俄羅斯革命，但到了一九二二年，才由俄羅斯、烏克蘭、白俄羅斯、外高加索成立了蘇維埃聯邦（蘇維埃為評議會的意思）。之後就如前面所述，領土不斷進行重編；將波羅的海三國等因為第一次世界大戰而喪失的領土，再次合併為十六個共和國，則是一九四〇年的事情。一九五六年卡累利阿．芬蘭降格為俄羅斯聯邦內的自治共和國，於是就剩下十五個共和國。

然而由於經濟改革的影響，一九九〇年波羅的海三國率先脫離蘇聯，隔年整個聯邦也消失了。底下就讓我們試著來解析消失的聯邦面貌吧。

中亞地區在蒙古時代是由欽察汗國統治，後來成立的帖木兒帝國橫跨十四到十五世紀，其首都為烏茲別克的撒馬爾罕，是絲綢之路中最美麗的藍磚都市。由於欽察汗國體系的烏茲別克人從北方南下，使撒馬爾罕淪陷，爾後昔班尼王朝於一五〇〇年成立。由此分裂而出的布哈拉汗國及希瓦汗國，成了俄羅斯的受保護國（一八六八年和一八七三年），但到俄羅斯革命發生為止，都是由成吉思汗的後裔掌權。

高加索地區的英文名稱是Caucasus。近年來我們會將白人稱為高加索人種，語源正是來自於此。高加索地區的山脈南方有亞美尼亞、喬治亞（當地語言稱為

Sakartvelo，俄羅斯文稱為格魯吉亞）、亞塞拜然這三個國家，北側則是紛爭不斷的車臣共和國等俄羅斯聯邦版圖（圖二）。

高加索被黑海及裏海包圍，又位於險峻山脈的山谷間，伊朗、土耳其、阿拉伯、東羅馬帝國、俄羅斯、蒙古等國家都曾經爭奪此地，還有基督教和伊斯蘭教等各種流派，民族紛爭從來沒少過。北高加索地區則是發生過與伊斯蘭教徒爭鬥的高加索戰爭（一八三一～六四），後來一直難以和俄羅斯合併。

至於喬治亞地區，由於是夾在鄂圖曼帝國和波斯薩法維王朝之間的基督教王國卡赫季．卡特利王國，他們要求俄羅斯的保護，很快就納入俄羅斯的勢力圈，並於一七八三年成為保護國，一八〇一年合併。

身為石油產地的亞塞拜然是俄羅斯、波斯和土耳其的爭議地，根據一八一三年所簽訂的古利斯坦合約，巴庫等北部地區分割給俄羅斯，而大不利茲等南部地區分割給波斯。

亞美尼亞雖然也被分割給土耳其和波斯，但一八二八年又因簽訂土庫曼斯坦條約，使葉里溫等地被俄羅斯併吞。一八七八年西亞美尼亞也脫離了土耳其，被劃入俄羅斯國土。

在各共和國內，也有少數派會要求自治和獨立。例如喬治亞地區的阿布哈茲宣佈獨立，而主張要合併進俄羅斯的南奧塞提亞，也在俄羅斯軍隊的支援下成功獨立，只是他們都沒有獲得國際認可。

過去在波羅的海沿岸，德意志騎士團（條頓騎士團）曾以兵農合一的屯田制開始傳教。德意志騎士團是在德國呂北克（當時以漢薩同盟廣為人知）成立的團隊，為的是參加十字軍東征，不過在撤離中東後就來到波羅的海。雖然他們是由波蘭王國邀請而來，但波蘭隨後便苦於騎士團的蠻橫行徑，於是和立陶宛大公國合作將騎士團的活動範圍限制在沿岸地區。

立陶宛透過與波蘭合作成立聯合王國而繁榮起來，卻因為第三次波蘭分割而被俄羅斯帝國併吞（一七九五年）。第一次世界大戰後，愛沙尼亞及拉脫維亞相繼獨立，卻在第二次世界大戰中的一九四〇年又被蘇聯合併。在經濟改革興起的一九九〇年，他們宣布恢復獨立宣言，促使蘇聯崩解，並在二〇〇四年加入北約組織及歐盟。至於以加里寧格勒為首都的東普魯士部分，我會於德國的章節說明。

白俄羅斯原本為波蘭的領土，然而它屬於東正教地區，後來就被俄羅斯給接收。烏克蘭和白俄羅斯從蘇聯時代就已經是聯合國會員國，這是因為英國想讓其加盟國也進入聯合國，為了排除異議於是對史達林讓步。摩爾多瓦共和國是羅馬尼亞和俄羅斯的國境地帶，而聶伯河沿岸的地區可說是處於實質獨立狀態。

最後，就讓我概略說明芬蘭和波蘭的領土歷史。俄羅斯沙皇兼任芬蘭的大公爵身分，此地區在十二世紀時被瑞典征服並成為公國；而在拿破崙戰爭之後，又變成由俄羅斯管轄的自治大公國。日俄戰爭發生之後，芬蘭的民主化持續進行，雖然在俄羅斯革命之後成功獨立，卻遭到史達林以防衛列寧格勒為理由，要求他們變更領土，否則就要強行入侵並奪取領地。

波蘭王國也曾有一度被俄羅斯統治。西元一千年時，神聖羅馬帝國承認波蘭為一個王國，文藝復興時期他們以克拉科夫為首都繁榮起來，哥白尼就是誕生於此地。

在十七世紀時還屬於波蘭王國的烏克蘭，後來被俄羅斯併吞，波蘭也失去了對東普魯士的宗主權。再者，於一七七二年到一七九五年之間，波蘭曾經三次被俄羅斯、普魯士和奧地利瓜分，使得國家消失；雖然因拿破崙建立華沙公國而短暫復活，但很快又再度被俄羅斯統治，波蘭真正獨立是在第一次世界大戰之後。關於這個部分，也請參考德國的章節。

第 7 章

印度

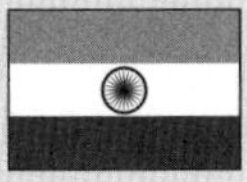

正式名稱・英語正式名稱

印度・India

別國語言的稱呼

भारत（印地語）、India（英）、Inde（法）、印度（日、中）

首都

新德里

語言

印地語、英語、其他憲法公認的二十一種語言

面積

三百二十八萬七千四百六十九平方公里

人口

十二億一千〇五十七萬人

貨幣

盧比

國旗

藏紅色、白、綠的橫條三色旗，中間為法輪

國歌

印度王朝（泰戈爾作曲／作詞）

宗教

印度教百分之七十四

民族

印度亞利安人百分之七十二

國慶日

一月二十六日（共和國紀念日）

圖1　印度的變遷

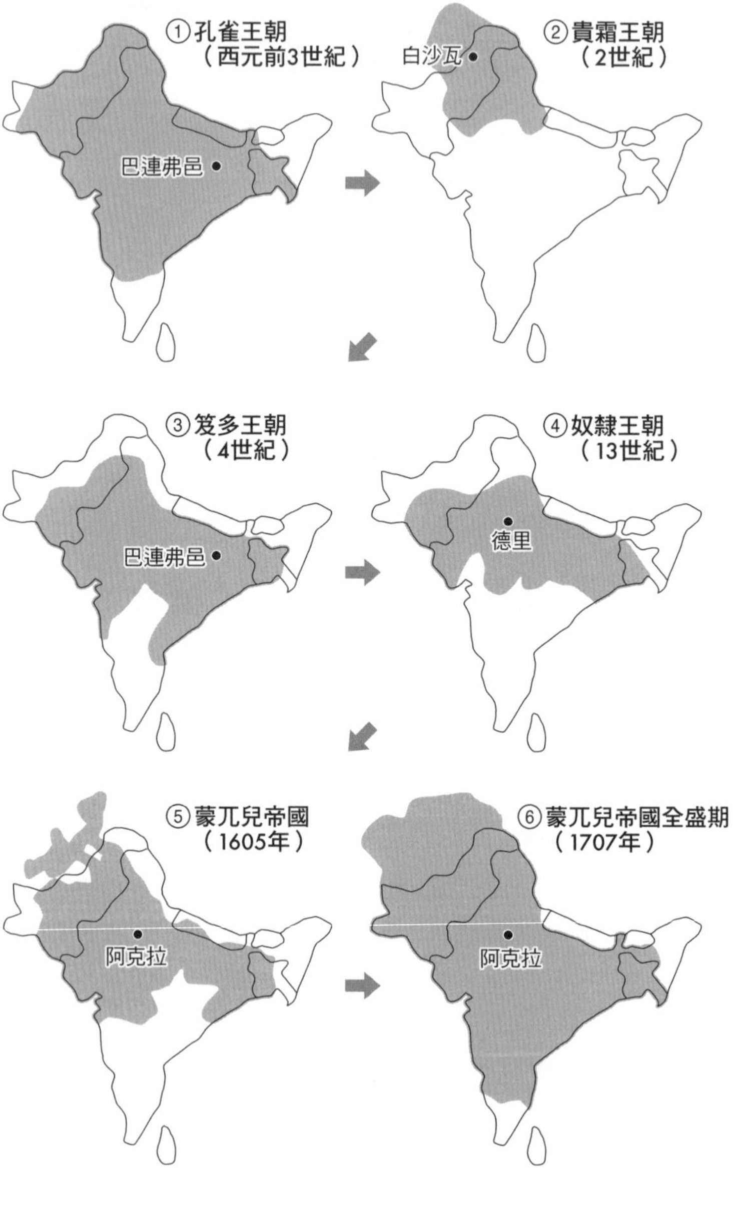
①孔雀王朝
（西元前3世紀）
巴連弗邑
②貴霜王朝
（2世紀）
白沙瓦
③笈多王朝
（4世紀）
巴連弗邑
④奴隸王朝
（13世紀）
德里
⑤蒙兀兒帝國
（1605年）
阿克拉
⑥蒙兀兒帝國全盛期
（1707年）
阿克拉

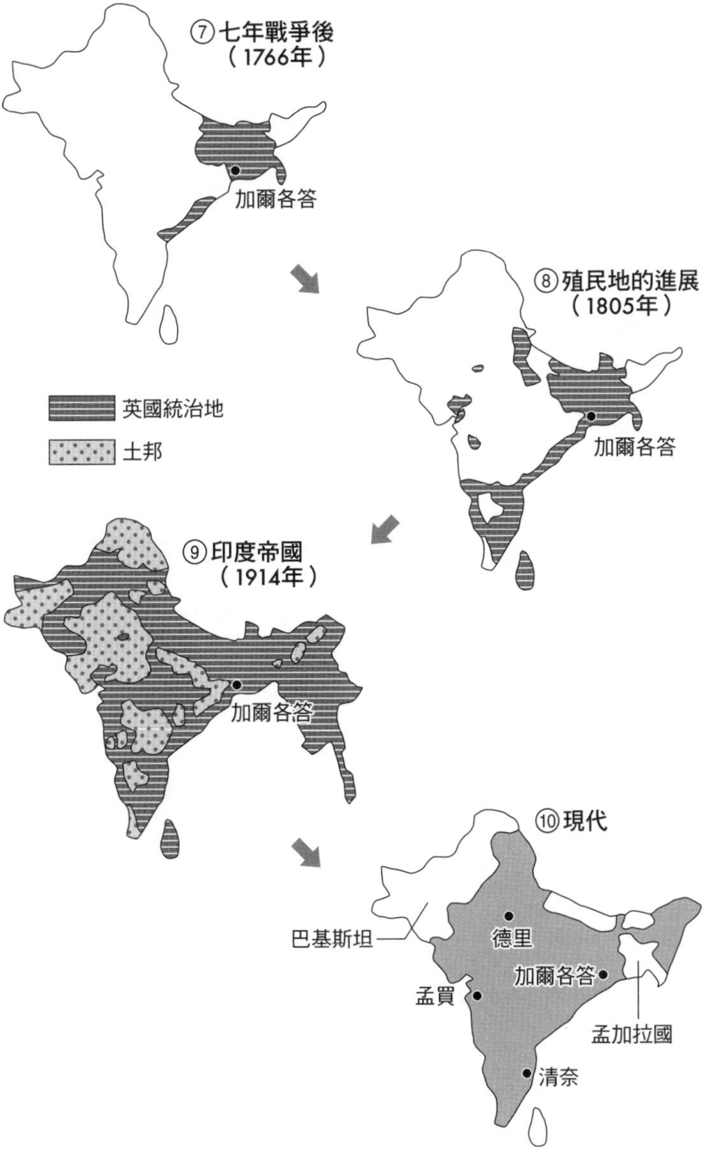
⑦七年戰爭後
（1766年）
加爾各答
⑧殖民地的進展
（1805年）
加爾各答
英國統治地
土邦
⑨印度帝國
（1914年）
加爾各答
⑩現代
巴基斯坦
德里
加爾各答
孟買
孟加拉國
清奈

為了奉承維多利亞女王而誕生的印度帝國

印度帝國是在一八七七年由英國維多利亞女王（一八一九～一九〇一）所成立，讓她可以冠上印度女皇頭銜。那時候的英國首相是保守黨的迪斯雷利，他與政敵自由黨的格萊斯頓的對抗極為有名。格萊斯頓曾說自己因為強硬地無視女王的意向，使他處於劣勢。相較之下，迪斯雷利則是以「從不拒絕，從不反對；如果是難以接受的要求，我會選擇忘記」的方針來拍馬屁，因此他和女王處得很好。

其中堪稱最頂級的拍馬屁，是讓女王榮登印度女皇這件事。雖然當時印度已經被蒙兀兒帝國所滅，完全成為殖民地，但仍然保有一個印度帝國的型態（圖一之九）。

此時歐洲地區除了奧地利的哈布斯堡家族，法國的拿破崙三世（一八〇八～七三）及俄羅斯的沙皇也自稱皇帝；而在普法戰爭（一八七〇～七一）之後，普魯士國王成為德國的皇帝。維多利亞女王覺得自己在地位上不及皇帝，感到很不甘心，於是首相就成立新帝國送給女王當禮物。

女王為此非常高興，據說她也很滿意「ＶＲ＆Ｉ」這個署名。其中，Ｖ是維多利亞（Victoria），Ｒ和Ｉ則是拉丁語中的女王（Regina）和皇帝／女皇（Imperator / Imperatrix）。

印度帝國的大半領土都由印度總督管轄，不過仍有三分之一為土邦（王侯領）。土邦與反抗英國支配的蒙兀兒帝國不同，他們會和東印度公司締結軍事保護條約，並協助英國殖民，其領導人稱為王公，地位就如同日本江戶時期的外樣大名（地方諸侯）。土邦的數量約有六百個，印度教徒的摩訶拉者（大王）、拉者（王），以及伊斯蘭教徒的納瓦卜（太守、知事），其統治權力一直持續到近代早期。

印度首都最初訂於加爾各答，不過一九一二年後就遷都至德里，後來更建設了新的都市新德里，到一九三〇年左右才算完成了緩慢的遷都。

從英國航行而來的船隻，會停泊在港都孟買。這裡有個名為「印度門」的建築，它被視作印度的玄關，是為了紀念一九一一年喬治五世以英國國王的身分造訪印度而建。此外，孟買還有所有印度鐵路起點的維多利亞終點站（現稱賈特拉帕蒂．希瓦吉終點站），現在已被列為世界遺產。

對印度歷史不太了解的人，常認為英國侵略了蒙兀兒帝國，並將印度當成殖民地，然而這並不正確；英國侵略那時的蒙兀兒帝國，只擁有印度北部的一個小版圖而已。

在印度的漫長歷史中，能夠說幾乎統一了印亞大陸的時期，只有以極度重視佛教文明的孔雀王朝阿育王（西元前三世紀）（圖一之一）、蒙兀兒帝國初期的極短時間，以及十八世紀初奧朗則布大帝時代統一了南印度以外地區的這些時期而已（圖一之六）。其他時代的印亞大陸都不是統一國家，而是分裂成好幾個地區。

無論如何，英國的印度帝國是第一個統合了阿富汗到斯里蘭卡的帝國。從這層意義上來看，現代印度這個國家的原點，其實是英屬印度才對。印度國旗上配置的橙色為印度教，綠色為伊斯蘭教，白色代表了兩者的和解，至於中央部分則是阿育王佛教紀念塔的查克拉（法輪）。以此，我們也可以認為印度將阿育王統一國家的記憶，當成是其國家統一的樞紐。

入侵北印度的亞歷山大大帝與阿育王

古代四大文明之一的印度文明推手，據說是現居住在南印度的達羅毗荼人，他們的起源是西元前一千五百年左右從伊朗高原入侵的亞利安人。亞利安人本來主要以畜牧為生，不久後開始進行農耕，並於西元前五世紀左右建立十六個王國。

吠陀教（婆羅門教）是亞利安人的宗教，其基本思想為人類會不斷重生與死亡的輪迴，為了要解脫並避免不好的來世，他們會評論苦行經驗談，而且也很喜歡神祕的事物。另外他們有非常嚴格的種姓制度，這是一種身分制度，而身為宗教領導者的吠陀階級屬於最高等。

然而，不久後出現的中產階級開始對現有社會抱持不滿，不和諧的氣氛逐漸高漲，佛教就在此時產生。釋迦（西元前四六三？～西元前三八三？）是蒙古系王國的王子，生於尼泊爾的藍毗尼。他在二十九歲時出城，經歷了嚴酷的修行後悟出道理，大家都說他在八十歲過世以前奔走於世界各地進行傳教。

之後宗教體制進行重整，於佛陀涅槃一百年後出生的阿育王（西元前二六八～西元前二三二在位）對佛教賜予國家級的庇護，使其在印度成為主要宗教。有人說比起釋迦創立佛教，阿育王將佛教國教化在世界史觀上更具有歷史性意義。

阿育王誕生於恆河中游的摩揭陀王國，他的祖父旃陀羅笈多成為孔雀王朝國王，是在入侵北印度的亞歷山大大帝死後沒多久的事情（西元前三一七）。旃陀羅笈多統治了北印度，並以提供五百頭軍象為條件，獲得亞歷山大大帝後繼者所建立的塞琉古王朝認可。也就是說，亞歷山大東征間接導致了阿育王的出現。

阿育王殺了他的許多兄弟才成為國王。他在征服奧里薩邦地區的羯陵伽王國時也殺了數十萬人，不過他因為目睹這件慘劇，人生觀從此改變並崇信佛教。阿育王以佛法的統治為目標，勸大家禁止殺生及吃肉；他也很重視年長者及父母，希望大家能夠禮儀端正，不要怠惰布施，要善待奴隸及貧民。從世界史來看，他可以說是首位以人類之愛來實踐政治的人，具有重要意義。

接著，阿育王將釋迦的遺骨（佛舍利）細分開來，於各地建立了舍利塔，並舉行第三次佛典集會來確立教義，同時進行海外傳教。然而為了避免與吠陀教等其他宗教產生衝突，種姓制度一直被保留下來。

這個時期的印度文化被波斯帝國強烈影響，習慣建設壯麗的宮殿、鑿岩壁以記錄國王的事蹟。而阿育王所生時代（即為大希臘時代）的宏偉事蹟，至今也都雋刻在殘留於各地的圓柱遺跡上。

阿育王樹立了優秀的行政組織，扣掉最南端地區，他統一了包含現今巴基斯坦和孟加拉國等地的印亞大陸全區（圖一之一）。

阿育王以國教地位保護起來的佛教，在東南亞地區以小乘（上座部）佛教的身分延續下去；不久後，在西印度地區就出現「不只要拯救自己，也要拯救社會大眾」的大乘佛教。接著，穿過位於阿富汗及巴基斯坦國境間的開伯爾山口，受到希臘及羅馬文化影響的犍陀羅文化開始繁榮起來；被希臘寫實雕像風格啟發，他們所雕刻的佛像舉世聞名。

伊斯蘭國家在蒙兀兒帝國時期擴張至最大版圖

接著，伊朗語系民族所建立的貴霜王朝在二世紀時，由迦膩色迦王以虔誠且模範的佛教徒身分君臨天下，即使到了現在，他仍是日本佛教界尊崇的對象。貴霜王朝後來被波斯的薩珊王朝所滅。

成為古印度文化最後一道光輝的是笈多王朝，其首都和孔雀王朝時相同，為恆河中游流域的巴連弗邑。他們想要復興孔雀王朝，其創始者以旃陀羅笈多（三二〇～三三五在位）自稱，這名字跟孔雀王朝的國王相同。

成為第三代國王的旃陀羅笈多二世（三七六～四一五在位）將勢力延伸到面向阿拉伯海的古吉拉特邦一帶，在穩固訥爾默達河以北地區的同時，也透過結親方式確保了對南印度的影響力。

由於佛教盛行，許多中國僧侶都過來學佛（如法顯），並提出以下報告：「在超日王（旃陀羅笈多二世）二世的統治下，國家沒有死刑，大家不肉不酒，醫療設施也非常完備。」

另一方面，吠陀教接收了民間信仰而變得大眾化，最後演變成全新的印度教。要說明印度教究竟是怎麼樣的宗教實在很困難，不過基本上它跟日本神道教類似，有著「神明能夠解決人們各種問題」這樣的信仰特徵；從這點來看，這跟發生神佛混淆並廢佛毀釋以前的日本佛教很類似。他們脫離慾望，尋求精神上的自由，瑜珈也因此盛行起來。

在印度教之中，種姓制度有非常重要的意義，他們要求必須接受這個觀點。種姓制度當然是一種身分歧視的制度，也成為印度社會停滯的原因。然而從反面來看，也有人認為由於階級之間的團結力變強，得以防止民族對立激化，這也是一個優點。此外，這個機制各階級的分工明確，因此出現了許多有錢人不會親自做的工作，僕人的需求增加進而產生雇傭行為，貧窮人家就能夠藉以生活。

在貴霜王朝時代，印度人逐漸脫離希臘的影響，發展出印度本身的文化。除了出現以梵文書寫的兩大敘事詩《摩訶婆羅多》、《羅摩衍那》，讓歌德得到靈感而寫出歌劇《浮士德》的迦梨陀娑，也在旃陀羅笈多二世的宮廷中活躍著。佛教相關的宗教故事繪本、性愛書《慾經》、《摩奴法論》等，也都是該時代的精華。

在當代文物中，阿旃陀石窟的壁畫非常有名，印度風的佛像樣式與薄衣緊密結合，彷佛是纏繞在身體上。而數字與天文學的發展、「零的發現」等等，也都是該時代的產物。七世紀前半玄奘法師從唐朝而來，在浦那王朝、遮婁其王朝期間於那爛陀寺進行修行，並將經典取回。

笈多王朝成為北印度最後的統一王朝。另一方面，從十世紀開始，坦米爾語系的朱羅王朝因貿易在南印度地區繁榮起來，甚至還遠征到東南亞。

從西方世界流入的伊斯蘭教雖然很早就到達印度河一帶，不過止步於該地，爾後北印度地區於十一世紀初、十二世紀，分別被伽色尼國和古爾王朝等伊斯蘭諸王朝統治。接著進入十三世紀，出現以土耳其系軍人建立的各個朝代，其開端是奴隸王朝（庫特布沙希王朝），並在德里發展起來（圖一之四）；這個名稱是因為開國君主原為奴隸。

蒙古帝國的分支帖木兒帝國於中亞繁榮起來以後，其中名為巴布爾（一四八三～一五三〇）的一族從阿富汗入侵德里，取代了伊斯蘭的德里・蘇丹王朝（洛迪王朝），建立蒙兀兒帝國（一五二六年）（圖一之五）。

發現印度新航路的葡萄牙人瓦斯科・達伽馬，是在一四九八年來到印度；至於葡萄牙佔領果亞，並將其定為殖民地經營中心，則是一五一〇年的事，也就是蒙兀兒帝國成立之前。孟買在一五三四年被葡萄牙的領主買下，而一六六一年葡萄牙公主嫁給英國的查理二世時，就以此為嫁妝（聘金）委讓給英國。

蒙兀兒帝國第二代的胡馬雍（一五〇八～五六）曾一度逃亡到波斯，而三代皇帝阿克巴（一五四二～一六〇五）就是在波斯長大。長大後的阿克巴開始親政，在起用波斯人、烏茲別克人和印度的拉傑普特人之間取得平衡，並將東邊孟加拉、北邊阿富汗、南邊德干高原納入版圖。

阿克巴採取對伊斯蘭教徒以外的國民依然寬容的政策，廢止向異教徒徵稅的吉茲亞稅（人頭稅），又規定以金錢納稅，因此經濟大幅發展。阿克巴雖然想要樹立一個以自身為教祖的統合新宗教，不過最後沒有成功。

第五代皇帝沙賈汗（一五九二～一六六六）為了悼念過世的王妃，建立了泰姬瑪哈陵，現在成為世界遺產。第六代的奧朗則布（一六一八～一七〇七）在位時期版圖最大，征服了扣除掉印度最南端外的所有地方（圖一之六），但由於他採取非寬容性的宗教政策，例如重新開始徵收吉茲亞稅，導致失去印度教徒的支持，形成不久之後英國順利入侵的遠因。

印度成為英國殖民地之前

英國東印度公司和法國東印度公司在南印度東海岸發生爭執後，由於一七五七年的「普拉西戰役」，蒙兀兒帝國及法國東印度公司的聯合軍敗北，因此確立英國在印度這塊土地上的優勢（圖一之七）。此時中部德干高原出現印度教徒的馬拉地帝國，打敗了蒙兀兒帝國，不過他們本身也因為和英國之間的馬拉地戰爭而滅亡。

英國東印度公司在一七六五年時簽訂阿拉哈巴德條約，得到孟加拉地區的徵稅權，並從此時開始擴大支配範圍（圖一之八）。

印度之所以會完全成為英國殖民地的契機，在於「印度士兵兵變」。印度教視牛為神靈，而以傭兵身分被雇用的印度教徒士兵（Sepoy），開始懷疑在彈藥紙皮上塗抹的是牛油。叛軍推舉蒙兀兒帝國第十七代皇帝巴哈杜爾沙二世做為領袖，並掌握德里周遭，但隨後就被鎮壓，皇帝也被流放到緬甸（一八五八年）（圖一之九），巴哈杜爾沙因此成為印度末代皇帝。

在成為英國殖民地之後，印度大量輸入因工業革命得以低價生產的棉織物，造成當地傳統產業停滯，資源也被英國給奪走。儘管如此，以購買力評估來說，到十九世紀末前，印度一直是世界第二名的經濟大國；同樣地，在二十世紀初之前，中國則是世界第一的經濟大國。進入二十一世紀後，中國和印度不斷宣揚自國的經濟躍進，不過從歷史的觀點，這只是在歷經一百多年之後，情勢終於回歸原貌。

英國模仿羅馬帝國的方法，對印度執行徹底的分割統治，土邦直到近代初期都還存在。至於教育的部分，英國同樣巧妙地採用切割政策，以各國當下所使用的語言為主，以防他們橫向串連。此外，英國也禮遇上流階級的印度人，將他們視為英國紳士般對待。

獨立後持續發生的國境與民族問題

獨立後的印度，最大政黨是現在失去政權的國民大會黨（簡稱國大黨）。國大黨本來是為了懷柔印度知識份子而成立，但在第一次世界大戰時，印度以自治為條件全面性協助英國，最後卻遭到背叛，以此契機國大黨開始成為獨立運動的核心。

第二次世界大戰後，各個民族相繼獨立，但印度之所以能夠實現獨立，甘地和尼赫魯這兩位偉大的領導者可說是舉足輕重。

甘地（一八六九～一九四八）出生於古吉拉特邦州一個小土邦的首相家中，他在倫敦取得律師資格，並在有許多印度人居住的南非抗爭種族歧視，於第一次世界大戰後加入國大黨。他實踐了「非暴力不合作運動」主張，另一方面也以「發現敵人的不足以後，動搖敵人的長處與良心」為目標。他靠絕食進行抗議，又為了不買英國製的棉製品，而拍攝自己用紡車織布的照片。藉由這些行動，他終於打動了歐美人的良心。

尼赫魯（一八八九～一九六四）生於喀什米爾的婆羅門家庭，其父親摩迪拉．尼赫魯為律師及國大黨的議長。他在英國的名門哈羅公學及劍橋大學三一學院求學，於一九一二年歸國以後成為了國大黨的年輕幹部，主導獨立運動。

第二次世界大戰時，東部孟加拉州的錢德拉．鮑斯（一八九七～一九四五）獲得日本援助而成立印度國民軍，並於英帕爾一帶參戰。尼赫魯嘗試要以獨立為條件協助對英國的作戰，但印度人對國民軍的認同逐漸擴張。

戰後，英國審判了參與國民軍的人，導致印度國內掀起反彈聲浪。不久後，認為難以再次建立殖民地統治的英國工黨黨魁艾德禮首相，於一九四七年八月承認了印度獨立。儘管如此，印度教徒和伊斯蘭教徒之間的關係並沒有改善，使得印度和巴基斯坦只好各自獨立（圖一之十）。

獨立之初的印度，在政體應為單一制或聯邦制，以及要如何實踐地方分權等方面爭論不休。尼赫魯等人想要建設中央集權、社會主義的國家，因此以分離出伊斯蘭勢力、不允許設立特別自治區為目標。

接著，西北部和東孟加拉獨立為巴基斯坦，而巴基斯坦的印度教徒，以及印度的伊斯蘭教徒，就成了要逃到國外的難民。

不僅如此，雖然喀什米爾地區信奉伊斯蘭教，但由於該地的土邦王公是印度教徒，因此決定歸屬於印度，導致國境紛爭持續至今。

不久後，發生了三次印巴戰爭。第一次印巴戰爭主要在喀什米爾的問題上，巴基斯坦最後只確保了非常微小的邊境地區（一九四七年）。第二次是因為印度親近蘇聯、巴基斯坦親近美國而引起，但印度沒有從蘇聯那裡獲得足夠的支援，導致敗北（一九六五年）。

再來是第三次印巴戰爭，由孟加拉國的獨立運動而起，印度獲得勝利，東巴基斯坦以孟加拉的身分獨立（一九七一年）。印度和巴基斯坦的國境線附近河道錯綜複雜，導致兩國有許多沒有相連的領地，統治上非常不便，因此在二〇一五年時兩國和平地進行領土交換（圖一之十）。

在中印國境的喀什米爾及不丹東邊一帶，仍存在著歸屬未定的區域，於是在一九六二年發生中印國境紛爭，最後中國以有利的形式劃出實際支配的領域。

最後，還有一個不穩定的因素。由於巴基斯坦和阿富汗的國境是由英國擅自劃出來的，結果民族意識強烈的普什圖人被分割為兩國國民，並涉入塔利班等恐怖組織活動。而居住在斯里蘭卡沿岸及其對岸的坦米爾人，他們的民族意識也很強烈，即使在阿育王及蒙兀兒帝國的全盛時期下也沒有被征服。一九九一年，坦米爾人中的激進派發動恐怖攻擊，以自殺炸彈客的方式刺殺拉吉夫．甘地首相。

第 8 章

英國

正式名稱・英語正式名稱

大不列顛及北愛爾蘭聯合王國（英國）・

United Kingdom of Great Britain and Northern Ireland（UK）

別國語言的稱呼

Grande-Bretagne（法）、英國（中）

首都

倫敦

語言

英語

面積

二十四萬三千平方公里

人口

六千四百一十一萬人

貨幣

英鎊

國旗

聯盟傑克（組成國的國旗合成體）

國歌

天佑女王

宗教

英國國教會百分之四十六、天主教百分之十

民族

盎格魯・薩克遜人百分之九十三

國慶日

六月的第二個星期六（女王生日）

圖1　英國殖民帝國的成立與衰退

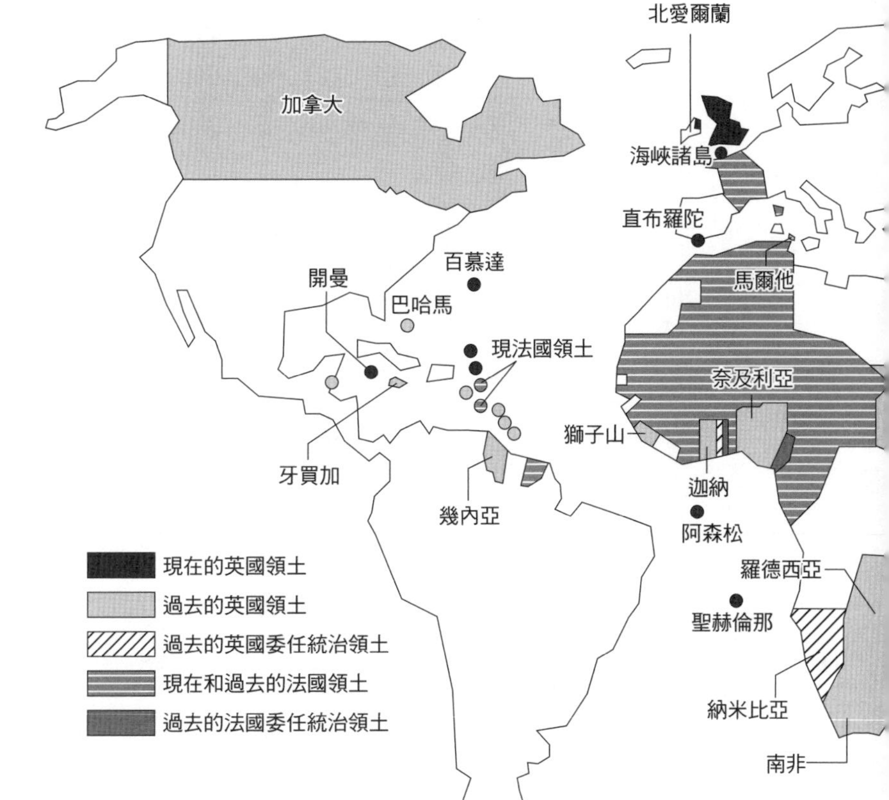
北愛爾蘭
加拿大
海峽諸島
直布羅陀
百慕達
開曼
巴哈馬
馬爾他
現法國領土
奈及利亞
獅子山
牙買加
迦納
幾內亞
阿森松
羅德西亞
聖赫倫那
納米比亞
南非
福克蘭
現在的英國領土
過去的英國領土
過去的英國委任統治領土
現在和過去的法國領土
過去的法國委任統治領土

圖2　聯合王國的成立

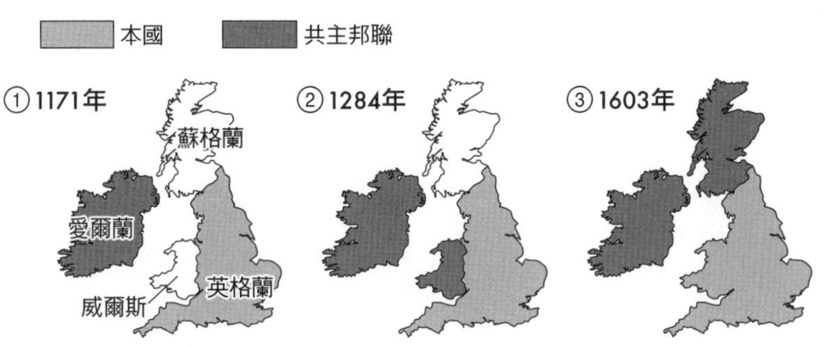
本國
共主邦聯
①1171年
②1284年
③1603年
蘇格蘭
愛爾蘭
英格蘭
威爾斯

蘇格蘭獨立問題與英格蘭

說到蘇格蘭是否會脫離英國，雖然二〇一四年已經舉辦過公投並否決了，不過此事重提的可能性似乎不小。可是就算蘇格蘭真的獨立，伊莉莎白女王依然是蘇格蘭的女王，這是因為伊莉莎白女王有著蘇格蘭王室的血統。

一六〇三年，時任蘇格蘭國王、斯圖亞特家族的詹姆斯，繼承了英格蘭童貞女王伊莉莎白一世的王位，成為英格蘭國王詹姆斯一世（圖二之三）。此時，英格蘭和蘇格蘭雖是共主邦聯，但兩國各自獨立，不過在一七〇七年時便合併為一。目前英國的伊莉莎白女王，正是這位詹姆士一世的後裔。

英國的正式名稱為「大不列顛及北愛爾蘭聯合王國」，國旗理所當然由英格蘭、蘇格蘭和愛爾蘭的國旗組合而成。

有許多來自歐洲大陸的凱爾特人居住在愛爾蘭地區，和當地人混血以後就被稱做蓋爾人，於四世紀時歸化為基督教徒。他們在沒有成立統一國家的情況下，於十二世紀時被英格蘭國王（話雖如此，其實是個法國人）亨利二世侵略，其子約翰在一一七七年被立為愛爾蘭大公（圖二之一）；自一五四一年起，亨利八世開始自稱為愛爾蘭國王。

愛爾蘭在一八〇一年和大不列顛王國合組聯邦（圖二之五），但因為獨立運動盛行，一九二二年該地成為自治領區，一九三七年獨立，並於一九四九年脫離大英國協（圖二之六），不過有許多基督教徒的北阿爾斯特地區（北愛爾蘭）依然保留在英國內。

在足球和橄欖球界中，威爾斯也擁有獨立的國家代表隊。他們在一二八四年就和英格蘭合併（圖二之二），所以英國國旗中看不出威爾斯的蹤跡，不過歷代皇太子都會被授予威爾斯親王的頭銜。威爾斯從一九九七年開始有自主的議會，並試圖利用蘇格蘭獨立來強化自己的獨立性。

話說回來，英國這個國家有非常多種稱呼。其正式國名為「大不列顛及北愛爾蘭聯合王國」，不過時常被簡稱為聯合王國（United Kingdom），或擷取英文的頭字語簡寫為UK。

日文中所謂的不列顛（イギリス），是葡萄牙語中的英格蘭的訛音，漢字寫做英吉利，英國是其簡稱。因此不列顛這個字原本指的是英格蘭。在日文中，我們會將不列顛當作英國正式國名的同義詞使用，以便跟「英格蘭」一詞區別。

島的名字則是大不列顛。用法文來說是grande-Bretagne，此時的grande（大）沒有什麼意義，指的是「和布列塔尼半島比起來距離較遠」。以形容詞來看，大家常常會用British這個字，因此我們會說英國政府是the Government of British等等。

而在日文中所謂的大英國協，是指British Commonwealth。然而現在大家都不這麼說，而是稱為Commonwealth of Nations，所以用繼續過去那種稱呼就不對了。目前總共有五十三個國家加入大英國協*，其中包含曾為瑞士領地的盧安達及曾為葡萄牙領地的莫三比克，他們以地理層面來看與舊英國領地有非常深的關係。

另一方面，在舊英國領地當中，愛爾蘭、甘比亞等地都已經脫離大英國協，阿拉伯諸國基本上也沒有加盟。除此之外，伊莉莎白女王只有在以白種人為主的十六

* 日文原書發行後，馬爾地夫政府於二〇一六年十月十三日決定脫離大英國協。

個國家擔任元首；她不只是英國女王，也是加拿大和澳洲的女王。

王室聯姻引發英法領土爭奪戰

說到英格蘭民族如何形成，首先以剽悍勇猛的凱爾特民風為基礎，又受到被法國文化影響的日耳曼人統治，成為盎格魯．撒克遜人之國。

在希臘、羅馬時代，舉凡提到「頭髮為金色及茶色，身材很高，皮膚很白的北方人」，所指的並非日耳曼人，而是凱爾特人。日耳曼人居住在德國北部到斯堪地納維亞一帶，從西元前後開始活躍。凱爾特人是從中亞遷來，因為擅長使用鐵劍及馬戰車而備受敬畏。他們是一個和日本神道教相似、崇拜自然神靈的森林民族，居住在高盧的凱爾特人和凱撒打過仗。

凱爾特人是英格蘭的原住民，不過後來就被拉丁人和日耳曼人征服與追殺。羅馬帝國的凱撒大帝雖然登陸了不列顛島（西元前五五年），但真正將其領土化的則是從克勞狄大帝遠征開始（四三年）。羅馬人在蘇格蘭邊界構築哈德良長城，並建設了倫蒂尼恩（倫敦），不過羅馬人只有將凱爾特人羅馬化以後，就離開了這片土地。

之後，盎格魯．撒克遜人從丹麥的日德蘭半島過來，建立許多小型王國。從五世紀中葉開始到八二九年為止，可以說是英格蘭七王國（七國統治）的時代。將其統合為一的是威塞克斯的埃格伯特大王，不過此時維京人（丹麥日耳曼人）的活動也越來越盛行。

雖然威塞克斯的阿佛烈大帝擊敗過維京人，但丹麥王子克努特一世（大王）（九九五～一〇三五）後來成為英格蘭王，並與法國的諾曼第公爵之女艾瑪結婚。由於克努特後來也成為丹麥及挪威的國王（一〇二八年），導致三國之間的繼承變得很複雜。一〇六六年，艾瑪哥哥的孫子——諾曼第公爵（威廉一世）（一〇二七～八七）入侵英格蘭，開啟了諾曼王朝。時至今日，英格蘭的王位依然被其子孫佔據，威廉一世在英國的意義宛如日本的神武天皇。

雖說身為法國王室家臣的諾曼第公爵成為英格蘭王，是一件很不自然的事情，不過威廉一世女方那邊的曾孫——法國的安茹公爵（法國中西部領主），也當上英王亨利二世（一一三三～八九），並於一一五四年即位。再者，亨利二世的妃子埃利諾是以波爾多為中心的阿基坦公領繼承人，使得法國西半部都成了他的領地（一七二頁的圖一之四）。

然而法國方面也不遑多讓。法王菲利浦二世（一一六五～一二二三）參與了英格蘭的內鬥，一度收回阿基坦以外的歐陸領地。只是這回換法國皇室公主嫁入英國王室當妃子，促使有法國王家血統的英格蘭王愛德華三世，燃起了對法國王位的野心，引發英法百年戰爭（一三三七～一四五三）。

這次戰爭以法國勝利劃下句點，導致法國境內的英格蘭領地只剩下英吉利海峽邊陲的加萊（不久之後就歸還法國）；不過澤西島、耿西島等諾曼第沿岸的海峽群島，時至今日仍然是英國的領土。儘管如此，英格蘭王在法國革命發生之前都還持續要求法國的王位，其王室紋章上也反映出這點。

世界史上最大殖民帝國

十七世紀時北愛爾蘭被大量殖民，英格蘭的克倫威爾（一五九九～一六五八）侵略愛爾蘭，並從天主教地主手上奪走土地。除此之外，在光榮革命期間，愛爾蘭選擇站在天主教方，最後被威廉三世討伐（一六九一年）。北愛爾蘭的新教徒將七月十二日定為奧蘭治派勝戰紀念日並加以慶祝。

英國進入美洲大陸是從一六〇七年開始，一六五五年時他們佔領牙買加。我會於美國章節做詳細說明。

英國透過戰爭成功確保了地中海的三個據點：在西班牙繼承戰爭後所簽訂的烏特勒支條約（一七一三年）獲得直布羅陀；在拿破崙戰爭（一七九九～一八一五）之後獲得馬爾他島；在一八七八年俄土戰爭後的柏林會議，由於鄂圖曼帝國另有所圖，於是將賽普勒斯島的統治權讓予英國。另外，大不列顛島及愛爾蘭島之間的曼島，以及英法海峽的澤西島及耿西島，都是皇家屬地。

至於亞洲地區，雖然在一六〇〇年時於亞洲地區設立了英國東印度公司，後來卻敗給了荷蘭東印度公司，只能將據點移往印度。英國在與法國發生七年戰爭（一七五六～六三）的混亂當中，趁機鞏固在印度的統治力，其後的發展請參閱印度章節的介紹。

而在東南亞及非洲地區，由於拿破崙戰爭之故，英國趁著荷蘭被法國佔領這段期間，奪取了南非的開普、錫蘭、印尼等原屬於荷蘭的殖民地；其後，他們甚至緊追荷蘭的船隻來到日本長崎，引發了菲頓號事件（一八〇八年）。後來，印尼被歸還給荷蘭（一八一一年）。

一八一五年，英國征服了錫蘭，將其變為殖民地。除此之外，他們以檳島為據點入侵馬來半島，而萊佛士（酒店名稱就是依此命名）在一八一九年開發了新加坡，連麻六甲都納入統治。至於婆羅洲島的北部地區，原本屬於汶萊王國、砂拉越布魯克王國（國王為白人）及北婆羅洲公司領地的沙巴，在一九〇六年為止都屬於英國的支配底下。

關於中國地區，根據鴉片戰爭（一八四〇～四二）後所簽訂的南京條約以及第二次鴉片戰爭（一八五六～六〇），英國分別獲得了香港及九龍半島。

最初發現澳洲大陸的是荷蘭人，但因為是一六〇六年的事情，當時他們認為該地缺乏擁有經濟價值的產物，於是就這麼不予理會，直到一七七〇年英國的庫克宣布佔領植物學灣（雪梨），並從一七八八年開始進行實質的殖民地建設。在這段過程之中，澳洲土著被剷除到跡近滅絕的地步。

在十九世紀前半，澳洲一直是罪犯流放地，不過一八二〇年左右開始導入羊隻，一八五〇年代後，以墨爾本為首府的維多利亞省開始出現淘金人潮，開發得以慢慢進行。紐西蘭起初也是由荷蘭人發現，英國在一八四〇年和毛利人酋長簽訂懷唐伊條約，使紐西蘭真正成為英國的殖民地。

擴大在非洲、中東的霸權

在南非地區，英國於一七九五年佔領了荷蘭人所經營的開普殖民地，並於一八一四年宣布領有宣言。為此感到很嫌惡的荷蘭語系白人——阿非利卡人（又稱布爾人）移居內陸，建立了奧蘭治自由邦（布隆泉）及川斯瓦共和國（約翰尼斯堡附近）。

不久，英國在奧蘭治自由邦的金伯利發現了鑽石，在川斯瓦地區則是發現金礦，於是英國的礦山之王塞西爾・羅德斯就率先攻擊該地區，發動兩次戰爭進行併吞，成立南非聯邦（一九一〇年）。英國為了和布爾人能夠圓滑相處而承認其自治權，他們卻因為討厭和黑人競爭而開始採取種族隔離政策。

塞西爾・羅德斯成為鑽石之國的國王，他設立了南非公司，並於一八八九年把英國殖民送入辛巴威（南羅德西亞），甚至入侵尚比亞（北羅德西亞），將巴拉威也納為保護國。波札納也經歷過「貝專納保護國」的階段，後來變為由英國南非聯邦派駐高級官員直接管轄（一九一〇年）。

以前，肯亞和烏干達都是英屬東非的範圍。當英國發現尼羅河的水源是維多利亞湖以後，他們就將周邊的烏干達變成保護領地（一八九四年），並在肯亞鋪設連接印度洋及烏干達的鐵道。英國於一八九五年將東非變為保護國，一九二〇年則把肯亞納入殖民地。美國前總統歐巴馬的父親，就是維多利亞湖及烏干達國境附近的肯亞科蓋若村出身，為少數民族中的盧歐族人。

坦尚尼亞是由兩個地區合併而成的國家，一個是從一八九〇年開始成為英國的保護國、位於沿岸區域島嶼上的港都尚吉巴，另一個則是在第一次世界大戰之後，從德國領地轉為國際聯盟託管地、並委任英國管理的坦干伊加。

雖然各國都沒有管理非洲的內陸地區，不過進入十九世紀後半，非洲內陸就因為農業開發及市場開拓而受到矚目。在一八八四年的柏林會議中，除了規定統治沿岸地區的國家有維持治安的責任外，也應將內陸地區納為殖民地，此後地圖上空白的無主地便消失了。

葡萄牙人從十五世紀起就不斷侵略奈及利亞沿岸地區並實施奴隸貿易，不過英國於一八六一年將奈及利亞西南部的拉哥斯變為保護領地。而在柏林會議中，英國除了將東南部的比亞法拉灣地區劃為保護領地外，也入侵了內陸部分。

此外，英國更於第一次世界大戰後，將原屬德國領區的喀麥隆北部也編入領土範圍。葡萄牙人曾在幾內亞灣構築埃爾米納城堡，後來被荷蘭人奪走，不過在一八七四年，英國將它變為黃金海岸殖民地，也就是現在的迦納。獅子山則是在一八〇八年成為英屬殖民地，到了一八四三年連甘比亞也納入保護領地範圍。

埃及也曾有一度是英國的保護國。一八四一年，阿爾巴尼亞人穆罕默德·阿里成為總督，並脫離鄂圖曼帝國成為獨立國家。雖然埃及曾投資開鑿蘇伊士運河，後來卻將運河的使用權（股份）賣給英國，使得埃及不只在鄂圖曼帝國的宗主權統治之下，同時也是英國的保護國。埃及直到第一次世界大戰之後，才成立埃及王國（一九二二年）。

埃及和英國都曾侵略蘇丹。英國和法國在橫越非洲大陸政策上發生衝突——也就是法紹達事件之後，一八九九年起英國、埃及兩國得以對蘇丹進行共同統治（共同擁有）。

至於中東地區，在第一次世界大戰進行之際，阿拉伯的勞倫斯為了要誘導鄂圖曼帝國分裂，承擔起說服曾為穆罕默德子孫，同時也是麥加謝里夫（貴族）的哈希姆家族的任務。但與此同時，英國外交大臣貝爾福又支持猶太人歸鄉（貝爾福宣言），成為此地混亂的源頭。最後，在英國的委任下，哈希姆家族在伊拉克及約旦立國稱王，科威特及灣岸地區也納入了英國的勢力範圍。

毫無準備就被英國放棄的殖民地後續發展

在這裡，我們就把焦點轉回英國國內的動向吧。

源於蘇格蘭的斯圖亞特王朝入主英國後，由於提倡君權神授說等君主專制理論，後來被清教徒革命推翻（一六四九年），英國一度採取共和政體。斯圖亞特王朝雖然後來復辟，但又再次被驅逐，人們邀請荷蘭君王威廉三世及其王妃瑪麗赴英登基為共治雙王，這就是光榮革命（一六八八年）。

一八〇一年，來自德國漢諾威家族的喬治一世即位，他是詹姆士一世的外孫女（蘇菲亞）的兒子。今日只要是蘇菲亞的後裔，就有資格繼承英國王位，目前約有兩千人擁有此資格。

漢諾威王朝曾有兩度出現男性斷嗣的現象，於是在維多利亞女王之子愛德華七世登基之後，進入了薩克森・科堡・哥達王朝時代。不過在第一次世界大戰時，因認為以敵國（德國）地名當成王室家族名稱不妥，所以改成了溫莎。順帶一提，英國已經預定在查爾斯皇太子（當今維多利亞女王之子）即位後，就要把家族名稱改為蒙巴頓・溫莎。

第一次世界大戰結束後，英國得到了許多德國殖民地，並以國際聯盟託管地的形式統治，以現代國家來說，包含了坦尚尼亞、喀麥隆、西南非、巴布亞新幾內亞、所羅門群島，以及鄂圖曼帝國的約旦、以色列、巴勒斯坦、伊拉克及波斯灣沿岸各國等。其他沒有成為殖民地的，只是為了順應國際輿論的方向。不過，此時開始出現帝國解體的徵兆。

在以白人為主的英國殖民地，陸續成為自治領區（Dominion），可視為被英國承認自治權的半獨立國家。以一八六七年的加拿大為首，到一九〇一年的澳大利亞、一九〇七年的紐西蘭及紐芬蘭（後來加入加拿大）、一九一〇年的南非都相繼成立。接著在一九三一年，這些國家藉由《一九三一西敏法令》獲得了和母國對等的地位，以及獨立的外交權力。

愛爾蘭雖然是聯合王國的一員，從二十世紀初獨立運動聲勢逐漸高漲，到了一九二一年，終於在愛爾蘭獨立戰爭之後得到自治領的地位。愛爾蘭於一九三七年獨立，並於一九四九年脫離大英國協。然而，有許多新教徒的北阿爾斯特地區（北愛爾蘭）決定繼續讓英國統治，因此造成北愛爾蘭長年抗爭不斷。

第二次世界大戰後，英國各殖民地相繼獨立，印度果不其然也以此為契機而獨立。在非洲的黃金海岸，恩克魯瑪組成了激進派的人民大會黨，在英國提出的自治政府議會選舉中取得勝利並就任首相，然後在一九五七年，他聯合了聯合國託管領土中的英屬多哥獨立（一九五七年），恩克魯瑪成為加納的第一任總統。

一九六〇年被稱為非洲年，此年幾乎所有非洲的殖民地都獨立了。對英國來說，為了不再被捲入麻煩，趕緊撤退應該會比較好。不過換個角度想，非洲諸國可以說都在沒有充分準備的情況下獨立，這也是造成其日後發展停滯的原因之一。

從一九七〇年開始，加勒比海、波斯灣、太平洋等島嶼小國都陸續獨立，最後獨立的是一九八四年的汶萊。除此之外，香港和九龍半島雖然被割讓給英國，不過位於九龍北方廣大的新界地區那時為租借地。在歸還期限臨近的一九九七年，根據鄧小平與柴契爾夫人的協議，決定了要將其歸還，連香港也包括在內。

現在還屬於英國領土的地方，主要就是北大平洋的開曼群島、百慕達群島、以避稅港聞名的維京群島、拿破崙過世之地的南大西洋聖赫倫那島、在位於印度洋並借給美國的迪亞哥加西亞島、福克蘭群島，以及在「邦蒂號叛變事件」中叛變者所居住的南太平洋皮特肯群島等等。

說到福克蘭，一九八二年阿根廷曾經佔領過福克蘭群島，英國和阿根廷在島上展開了大規模的武力爭奪（福克蘭群島戰爭／馬爾維納斯群島戰爭）。正如大家所知，英國在僅僅兩個月之後就用武力收回島嶼。

雖然柴契爾夫人在福克蘭群島戰爭中表現得極為強硬，然而在香港問題方面，她確實是屈服於鄧小平的威脅。

第 9 章

法國

正式名稱・英語正式名稱

法蘭西共和國・French Republic

別國語言的稱呼

Republic of France、RF（法）、 Frankreich（德）、法國（中）

首都

巴黎

語言

法語

面積

五十四萬四千平方公里

人口

六千六百三十二萬人

貨幣

歐元

國旗

藍、白、紅垂直排列的三色旗
（ tricolore，三分割旗的代表。雖然各自的顏色沒有特別意義，
不過三色在一起就代表「自由、平等、博愛」）

國歌

La Marseillaise（革命戰爭之歌——馬賽進行曲）

宗教

天主教百分之八十二

民族

法蘭西人百分之七十七

國慶日

七月十四日（革命紀念日）

圖1　法國領土的變遷

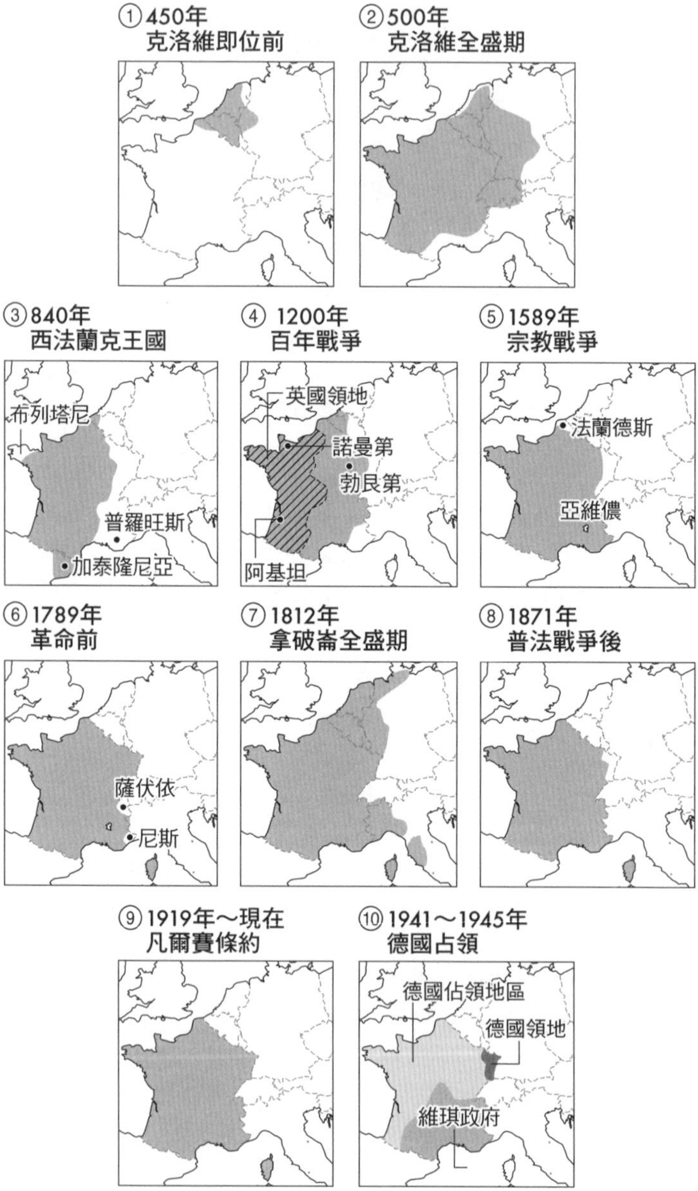
①450年
克洛維即位前
②500年
克洛維全盛期
③840年
西法蘭克王國
布列塔尼
普羅旺斯
加泰隆尼亞
④ 1200年
百年戰爭
英國領地
諾曼第
勃艮第
阿基坦
⑤1589年
宗教戰爭
法蘭德斯
亞維儂
⑥1789年
革命前
薩伏依
尼斯
⑦1812年
拿破崙全盛期
⑧1871年
普法戰爭後
⑨1919年～現在
凡爾賽條約
⑩1941～1945年
德國占領
德國佔領地區
德國領地
維琪政府

圖2　法國東北部的國境

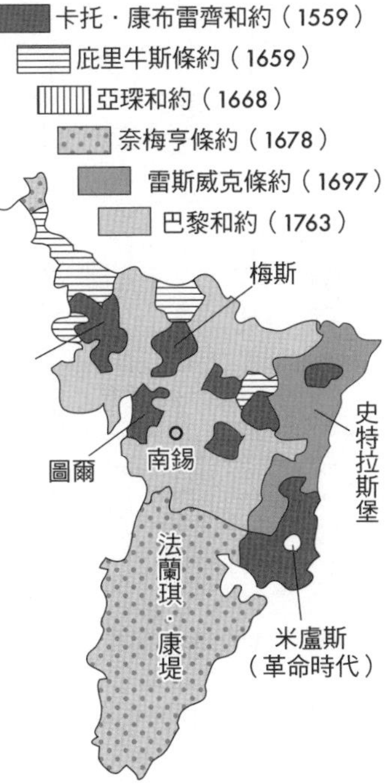

圖3　法國東南部的國境

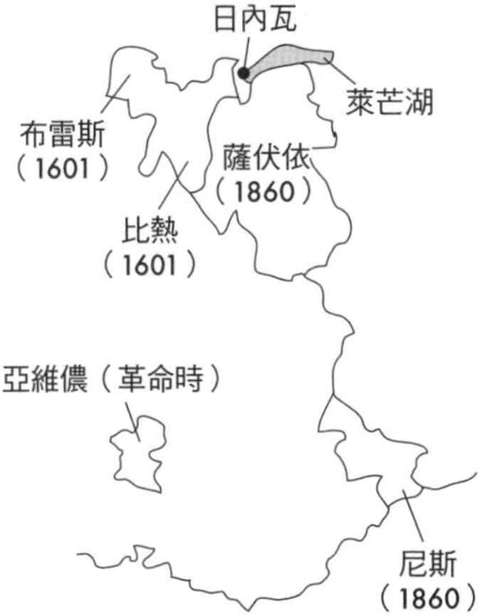

圖4　法國的海外領土

主要參考 Atlas historique de la France（1985 Plon）
地名為殖民地時代的法文名稱

歐盟為法德休戰的機制

法國本土有時被人稱作六邊形（hexagone）。法國被多佛海峽、大西洋、庇里牛斯山脈、地中海、阿爾卑斯山脈、萊茵河包圍，國土均衡整齊，面積也非常緊密，呈現出容易防守的完美國土形狀。

然而法國總共花了百年的時間，直到路易十四時代才擁有當今這個國境，而且還兩度參與世界大戰以阻止德國入侵。後來，大家抱持著不要讓法、德再次發生戰爭的理想，便發展出歐洲共同體（現在的歐盟）。

現在的法國，母體最初是日耳曼人其中一支——法蘭克人統一西歐之後所建立的國家。建立法蘭克王國的是墨洛溫家族，但不久後就被卡洛林家族給取代，查理曼大帝（在法國稱為羅蘭，七四二～八一四）成為全盛時期的國王。在其孫代的八四三年，法蘭克王國分裂，成立了西法蘭克王國，沒想到卻在九八七年被卡佩家族的于格・卡佩（九四〇～九九六）承接，並改名為法蘭西王國。

卡佩家族在其遠親繼承王位時都會更改王朝名稱，於是就出現了瓦盧瓦家族、波旁家族及奧爾良家族，不過一直都是男系繼承。在法國大革命與拿破崙帝政期間，這個王朝曾一度中斷，不過在一八四八年二月革命之前，卡佩家系都持續有人被加冕為王。現在的西班牙王家和盧森堡大公家，也都是于格．卡佩的男性後裔。

在太古時代，克羅馬儂人曾住在法國領土上，並於超過一億年前留下了被稱為世界最初的藝術作品——拉斯科洞窟壁畫。來自中亞的凱爾特人登陸這片土地，是在二五〇〇年前左右的事情，也就是羅馬帝國的尤利烏斯．凱撒在《高盧戰記》中所寫到的森林子民。

以前法國會在教科書上寫著「我國祖先高盧人有著高大身軀、金色頭髮和鬍鬚，非常勇敢，天塌下來以外的事情都不怕」，並且教唱本國和非洲殖民地原住民的小學生。

西元前一世紀，面對羅馬的侵略，一位名為維欽托利的軍人加入戰局，對法國人來說他是史書所載最早的英雄，但不久他就屈服了，高盧地區成為羅馬帝國的一部分。羅馬人開闢森林、建設城鎮與村莊，並於普羅旺斯的亞爾和尼姆設立競技場、神殿，以及高達四十九公尺、人稱「加爾橋」的高架渠。

不過，羅馬人所留下最大的遺產是法文，他們引進的拉丁文即為現在法文的基礎；另一個遺產則是基督教。

日耳曼人曾三度侵略凱爾特人和羅馬人。由於羅馬市民很討厭服兵役，因此選擇付錢僱用傭兵。另一方面，日耳曼人在萊茵河東側進行狩獵及初步的農業，不久他們便取代了羅馬人，成為高盧地區的主人公。

造成此狀況的契機，是五世紀時阿提拉所率領的匈奴人侵略。在此危機發生時，多虧了不久後成為巴黎聖人的聖女熱納維耶芙創造了奇蹟，羅馬帝國將軍埃提烏斯和日耳曼人才能夠在法國北部的沙隆原野上擊退了阿提拉的軍隊。

接著西羅馬帝國滅亡，克洛維（四六六?～五一一）改信基督教，在東羅馬帝國及羅馬教會的支持下建立了墨洛溫王朝（圖一之一約為克洛維即位三十年前，圖一之二約為死亡十年之前）。

好不容易才建立起橫跨西班牙一部分到德國西部的墨洛溫王朝，卻因為兄弟之間均分繼承的慣例，土地不斷分割，當然就沒有發展起來。後來伊斯蘭教徒席捲了伊比利半島，橫越庇里牛斯山脈入侵高盧。以「圖爾戰役」（七三二年）解除危機的是原本的宮相——卡洛林家族的查理．馬特，其子孫不久後就奪取了王位。尤其是查理曼，他從義大利的倫巴底人攻擊中護住教皇，因此被賦予了皇帝的稱號。

然而，均分遺產繼承的狀況再度重演，在八四三年的凡爾登條約規範下，該國分裂成東、西、中三個法蘭克王國，其中的西法蘭克王國的國土和現今的法國非常相近。中法蘭克王國位於義大利和德法中間地帶（洛泰林吉亞），是劃分得非常怪異的領土，沒多久該王國又分裂成義大利和洛泰林吉亞，後來又因為各式各樣的原因，洛泰林吉亞分裂成東、西兩個王國。

從英法王位繼承到「百年戰爭」

位於隆河西部的普羅旺斯、亞爾薩斯．洛林以及法蘭琪．康堤大區、薩伏依等等都是現今法國的領地，但在過去它們是屬於東法蘭克王國，而非西法蘭克王國（圖一之三）。除此之外，法蘭德斯（比利時北部）雖然屬於西法蘭克王國範圍，國王卻很難擁有實質的影響力。

即使西法蘭克王國沒有分裂，王位繼承原則依然沒有確立，而且直轄領地很小，無法壓制封建諸侯的發展，更不用說足以應對北方諾曼人入侵。卡佩家族因為在對付諾曼人時取得功績並蓄積實力，於是在卡洛林家族無適當的國王人選時，才能由于格．卡佩的子孫繼承王位。

卡佩王朝的重大事件是十字軍及百年戰爭。此時被伊斯蘭教徒奪走聖地耶路撒冷而面臨困境的東羅馬帝國，向教皇尋求協助；一想到這麼做有助於提高權威，教皇便興致勃勃，要求天主教的王侯們加入十字軍。王侯們為了求取名聲與財富，不借負債也要遠征耶路撒冷。

法國騎士就是遠征軍團的核心成員，有些人甚至還成為耶路撒冷、賽普勒斯、安提阿等遠征地的國王，以及取代了東羅馬帝國的拉丁帝國皇帝。

另一方面，法國王室家臣——諾曼第公爵征服了英格蘭並成為國王，結果就變成法國王室的家臣同時也是外國國王的詭異局面。另外，我在英國的章節也提到，法國王室家臣——安茹伯爵亨利和繼承了阿基坦等法國廣大土地的埃莉諾結婚，理所當然也繼承英格蘭王位，結果導致英格蘭國王成為幾乎所有法國西半部的封建領主（圖一之四）。

法王菲利浦四世（一二六八～一三一四）在與羅馬教皇博義八世爭鬥時，收攏了羅馬貴族科隆納家族，逮捕教皇且將對方逼迫到憤慨而死（一三〇三年，阿納尼事件）。他也把教皇廳遷移到南法的教皇領地亞維儂（一三〇九～七七，亞維儂之囚），此後直到法國大革命之前，亞維儂一直是教皇領土。

菲利浦四世把女兒伊莎貝拉嫁給英格蘭國王愛德華二世。由於此時有好幾位王子，在維持法國王室血統上並沒有問題，然而王子妃們卻爆發集體不倫事件。根據當時的法律，不倫無法構成離婚的原因，導致王子們陷入無法再婚的狀態。

由於發生了這件事情，再加上後來沒有菲利浦四世一脈的男系子孫，於是貴族們根據法國法典《薩利克法》要求唯有男性可以繼承王位，讓分家瓦盧瓦家族的菲利浦六世（四世弟弟之子）繼承王位。英格蘭王愛德華三世（愛德華二世之子）提出異議，說他身為菲利浦四世的外孫，有權繼承法國王位。這兩個血脈派別的戰爭，從十四世紀延續到十五世紀。

在「百年戰爭」極活躍的人士，當屬法國奧爾良農村的少女聖女貞德。查理六世（一三六八～一四二二）之子（查理七世）和外孫（英格蘭王亨利六世）都自稱為法國國王，兩國因此激烈交戰。此時聖女貞德出現，奇蹟似地為查理七世逆轉戰局，法國也因此取回阿基坦，只剩下面向多佛海峽的加萊仍是英國領地。羅丹的著名雕刻「加萊義民」，即是以該地區居民英雄式地抵抗英格蘭為主題所做。

話說回來，在這次的戰爭中，使事態變得更複雜的就是勃艮第問題。查理六世之孫大膽菲利浦不只受封王室領地勃艮第，更透過聯姻將領土與法蘭德斯（現在的比利時及荷蘭）地區相連接，一時之間大有獨立之勢。

詳細的部分我會於荷蘭的章節說明，不過在勃艮第第四代公爵勇士查理死時，勃艮第公爵領依照王室領地規章回歸法國領土，可是勃艮第伯爵領（法蘭琪・康堤區域）、法蘭德斯、皮卡第等以外的領土，都由哈布斯堡家族繼承（第十一章圖三），法蘭德斯就這樣脫離了法國。這個愚蠢的繼承，最終成為兩次世界大戰的遠因。

西班牙、德國、義大利國境的更迭

納瓦拉王國興起於西班牙的潘普洛納，持有庇里牛斯山脈兩側的土地，並由法國國王兼任王位。當法國王位從卡佩家移轉到瓦盧瓦家時，由於納瓦拉王國允許女系繼承，於是就由卡佩家族的珍妮公主（一五二八～七二）即位。不久後南部被西班牙奪走，北部依然是以波城為首都的納瓦拉王國。在珍妮之子亨利四世（一五五三～一六一〇）成為法王後，法國和納瓦拉再次組成共主邦聯，也因此瑪麗．安東尼又稱為「法國和納瓦拉的王妃」。

庇里牛斯山脈南側的加泰隆尼亞原本屬於西法蘭克王國。雖然在一一三七年被西班牙的亞拉岡王國給奪走，不過為了穩固國境線的戰爭也持續好一陣子。

在十字軍東征中活躍的聖王路易九世（一二一四～七〇），是中世紀首屈一指的名君，美國聖路易的地名便是源自於他。其弟查理．安茹（一二二七～八五）也很有才能，為充滿冒險精神的野心家。查理之所以擁有法國西北地區的安茹，是因為和普羅旺斯王之女結婚；他還利用教皇與神聖羅馬帝國皇帝的對立，成為西西里國王並兼任耶路撒冷國王、亞該亞侯王（希臘南部）及拉丁帝國皇帝。後來雖然發生「西西里晚禱」的叛亂事件，導致西西里和拿坡里都被亞拉岡王國奪走，但他們保住了普羅旺斯地區，法國查理十一也透過子孫繼承伯爵，使其變為法國的一部分（一四八一年）。

後來，查理八世（一四七〇～九八）以血緣為由，要求繼承拿坡里王位並入侵義大利，路易十二（一四六二～一五一五）更利用了和米蘭的維斯孔蒂家族（因電影《甜蜜的生活》而廣為人知的維斯孔蒂導演為其後裔）的關係而意圖染指倫巴底；直到亨利二世的時代為止，法國都持續不斷入侵義大利。而西部的布列塔尼公爵領，則是因為女繼承人安妮嫁給查理八世（不久後又嫁給路易十二），故轉變為法國的領土。

在法國這片土地上，東部國境長期都有戰爭。路易十三和宰相黎胥留公爵介入了德國的宗教戰爭（一六一八～四八，三十年戰爭），並支援新教陣營。後來路易十四（一六三八～一七一五）在奧地利王位繼承戰爭，獲得亞爾薩斯・洛林和科西嘉島（圖一之六）。

至於法國和義大利的國境，則是透過經歷崎嶇命運才成立的薩伏依公國而確定下來。薩伏依公爵是一位很有力量的貴族，他以日內瓦南部一個名為香貝里的小都市為據點，又經由聯姻獲得以杜林為首都的皮埃蒙特，並轉移到該地。此家族得到了薩丁尼亞島之後就自稱薩丁尼亞王，後來更建立了義大利王國。為了要獲得法國的認可，首相加富爾將王家發祥地薩伏依和尼斯讓給拿破崙三世，當今法國和義大利的國境這才出現。

然而一八七一年在因法國反對德國統一而引起的普法戰爭中敗北以後，亞爾薩斯和洛林（北部的梅札諾地區）變成德意志帝國的皇帝直轄領區（圖一之八）。直到第一次世界大戰後的凡爾賽條約，才讓法國找到機會收回領土（圖一之九）。

第二次世界大戰時，法國曾被納粹德國佔領，於是他們把臨時政府設在中南部的溫泉都市維琪，國土只剩下南半部，北部則由德國控制，亞爾薩斯．洛林也成為德國領地（圖一之十）；不過戰後一切就恢復原樣。另外，位於德國邊境地區的薩爾布魯根，一九五七年經過居民公投決定歸屬西德管轄。

從加拿大擴張到南太平洋的法國領土

有人說英國是由於氣候不佳、食物也不好吃，才會有那麼多人移民到海外。相較之下，法國則是地廣、自然資源豐富，大家不喜歡到海外定居，這或許是加拿大和路易斯安那無法維持殖民地狀態的理由。

加拿大是由法國布列塔尼的船員們發現並加以開發的，後來因為七年戰爭（一七五六～六三）戰敗就割讓給英國。然而魁北克地區至今依然使用法文，現在的蒙特婁（法文為蒙雷亞爾）地區也有一個類似巴黎的法語圈街道。除此之外，在現今的加拿大法語和英語地位相等，黨魁辯論會也會各開一次法文與英文的版本。

在七年戰爭之後，被稱為路易斯安那的密西西比河西側變為法國領地，拿破崙（一七六九～一八二一）後來卻便宜賣給美國（一八三〇年）。他的理由是，反正那裡遲早會被人侵略。

在加勒比海區域，海地原屬法國領土，並在拿破崙戰爭之中成為新世界最早爭取獨立的國家（一八〇四年）。不過瓜德羅普、馬丁尼克等加勒比海島嶼，以及南美大陸的圭亞那，到現在依然是法國的海外領土。

在亞洲地區，他們將越南、寮國、柬埔寨這三個國家納入殖民地。越南王國和朝鮮一樣，都是中國冊封體制底下的藩屬國，不過在打了中法戰爭（一八八四～八五）之後，越南脫離中國並成為法國領土。

法國也曾入侵印度，但因為在七年戰爭中戰敗，該地納入英國勢力範圍下，法國只保留印度東海岸的朋迪榭里。

阿爾及利亞曾是人人聞之色變的海盜根據地，不過法國在一八三〇年佔領該地，並於四年後進行合併，許多法國人移居過去。突尼西亞和摩洛哥則維持各自的王侯體制，並於一八八一年和一九一一年成為法國的保護國。

在中東地區，法國和英國則是因埃及而爭執不斷。拿破崙在稱帝之前曾經遠征埃及，後來法國外交官兼實業家德雷賽布則建立了蘇伊士運河，但這些都無法阻止英國優勢漸趨明顯的局面。第一次世界大戰後鄂圖曼帝國解體，法國受託管理敘利亞（一九二〇年），並將有許多基督教徒活動的沿岸地區更名為黎巴嫩，從敘利亞脫離。

法國在非洲大陸上的活動從十六世紀延續到十七世紀，並以塞內加爾做為交易據點。雖然發展速度不快，法國人依然在十九世紀末入侵內部陸地，將馬利、尼日、布吉納法索（上沃爾特）、查德、中非等地納為領土。除此之外，法國還沿著南邊的幾內亞灣南下，把幾內亞、象牙海岸、貝南（達荷美）、加彭、剛果等區納入殖民地。

不僅如此，第一次世界大戰之後，多哥和喀麥隆都成了法國託管地，而為了建設蘇伊士運河，法國將位於紅海出入口的吉布地也變成殖民地。

至於在印度洋地區，法國獲得馬達加斯加、留尼旺島；在南太平洋地區則得到波里尼西亞、新喀里多尼亞等。當時的法國領土範圍，就請大家參閱圖四以及英國的章節。

海外居民擁有法國本土的參政權

在第二次世界大戰後，由於去殖民地化的潮流，法國被迫選擇要將非洲殖民地轉換為「法蘭西共同體」的形式，或是以不取走任何財產的形式撤離。結果雖然只有幾內亞獨立，但是狀況依然很悲慘。

不過因為英國承認了非洲殖民地的獨立，促使一九六〇年時，大半地區幾乎都獨立了。只是法國跟英國不同，並未選擇用當地語言進行教育，也沒有為了不讓殖民地之間互相串連而採行分離政策。法國用法文教育殖民地，並力求「文明化」。

法文這個羈絆因此得以繼續維持，塞內加爾的桑戈爾總統及象牙海岸的費利克斯・烏弗埃・博瓦尼總統，都曾經是法國本土的官僚。由於有這樣的背景，各國開始使用被稱為「非洲法郎」的統一貨幣。此外，法國軍隊也常常介入相關事態，最近一次就是因為法國介入馬利內戰而造成話題（二〇一三年）。

說到阿爾及利亞，由於來自法國的移民太多，他們反對獨立的聲浪太高，導致該國遲遲無法獨立。雖然反對獨立派不斷運作要與法國合併，最後戴高樂將軍還是果斷承認其獨立。不過由於獨立過程中所留下的傷痕太慘痛，法國和阿爾及利亞的關係就如同日本和韓國之間那般惡劣。

除此之外，原本為法屬印度支那的越南、寮國、柬埔寨，在第二次世界大戰時日軍的佔領下曾一度獨立，雖然法國在戰後又將這些地方變回殖民地，卻因為在奠邊府之戰（一九五四年）及第一次越戰中敗給越共軍而撤退。後來這個戰爭由美國接手，進入泥沼般的越南戰爭（一九六五～七五）時期。

敘利亞及黎巴嫩也脫離法國獨立，但在巴勒斯坦戰爭（一九四八～四九）造成的大混亂之後，黎巴嫩的基督徒大舉移居到法國，日產汽車會長卡洛斯．戈恩的雙親就是黎巴嫩人。

現今的法國中，海外領土居民跟本國居民同樣都有參政權，例如法屬玻西尼亞的居民可以加入法國國會，也可以對法國總統選舉進行投票。從此意義上來看，把法國海外領土稱為「殖民地」不太妥當。相對於此，英國等盎格魯．撒克遜國家雖然都承認了殖民地的自治權，卻嚴格限制他們移居母國，也不給予他們參政權。

第 10 章

德國

正式名稱・英語正式名稱

德意志聯邦共和國・Federal Republic of Germany

別國語言的稱呼

Bundesrepublik Deutschland（德）、Germany（英）、Allemagne（法）、德國（中）

首都

柏林

語言

德語

面積

三十五萬七千平方公里

人口

八千〇九十四萬人

貨幣

歐元

國旗

黑、紅、金的橫條三色旗（普魯士義勇軍制服的顏色）

國歌

德意志之歌（海頓作曲）

宗教

基督新教百分之三十六、天主教百分之三十四

民族

德國人百分之八十八

國慶日

十月三日（德國統一之日）

圖1　德國領土的變遷

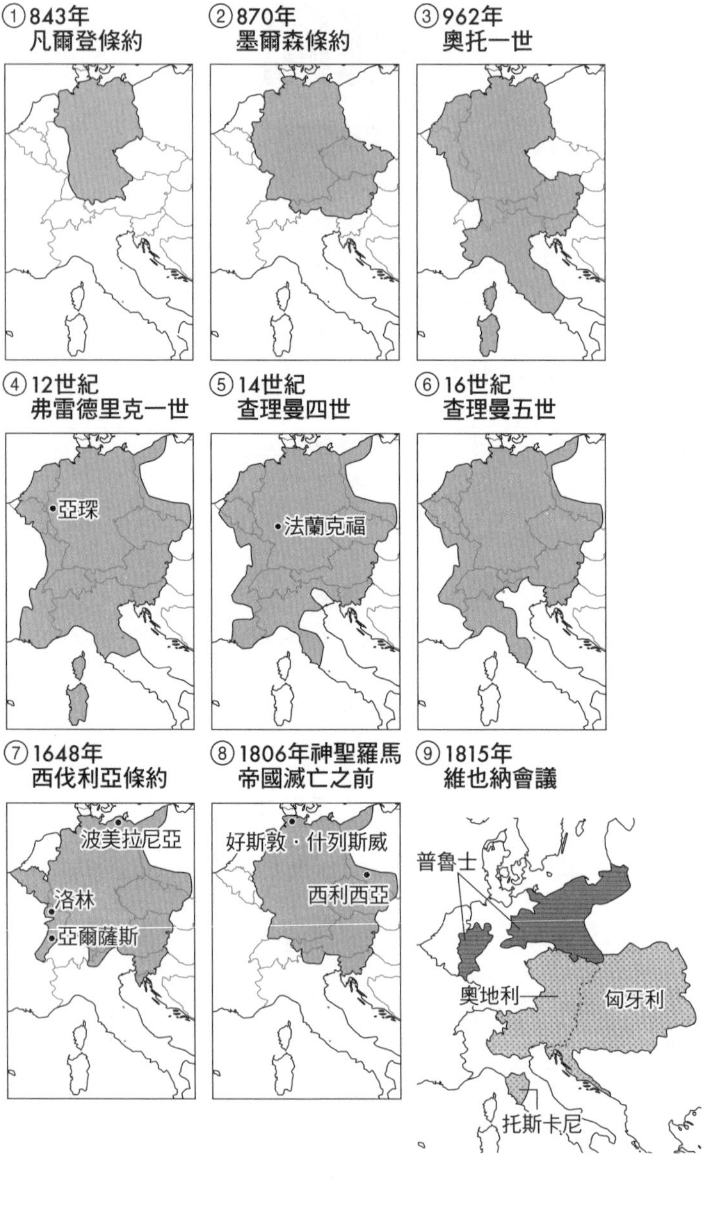
①843年
凡爾登條約
②870年
墨爾森條約
③962年
奧托一世
④12世紀
弗雷德里克一世
亞琛
⑤14世紀
查理曼四世
法蘭克福
⑥16世紀
查理曼五世
⑦1648年
西伐利亞條約
波美拉尼亞
洛林
亞爾薩斯
⑧1806年神聖羅馬
帝國滅亡之前
好斯敦・什列斯威
西利西亞
⑨1815年
維也納會議
普魯士
奧地利
匈牙利
托斯卡尼

⑩1871年
普法戰爭後

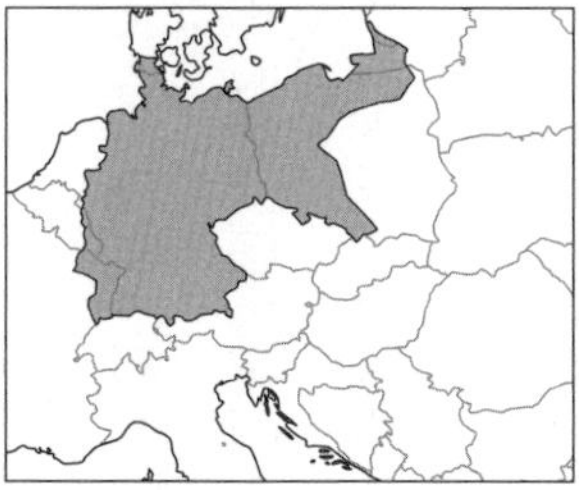

⑪1919年
第一次世界大戰後

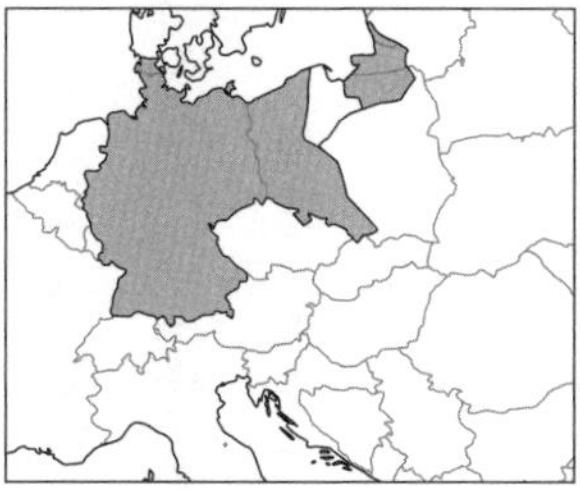

⑫1950年
東西德

⑬1991年
東西德統一

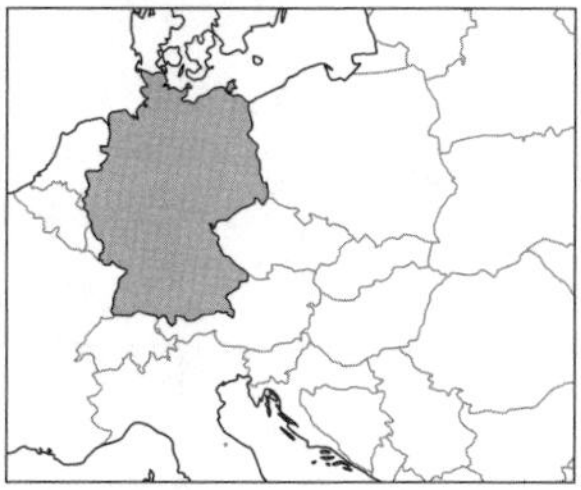

圖2　德國與太平洋

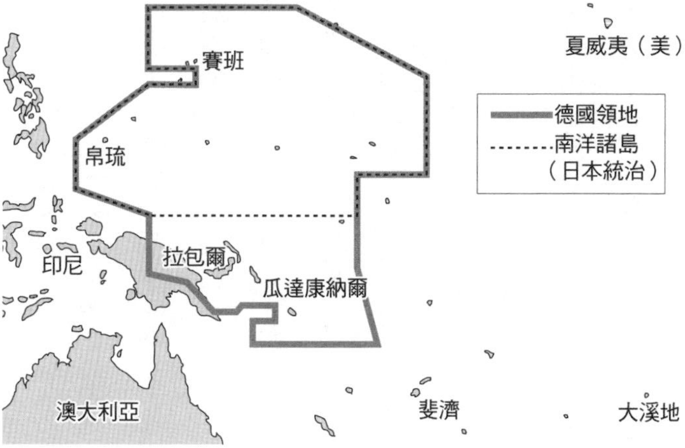

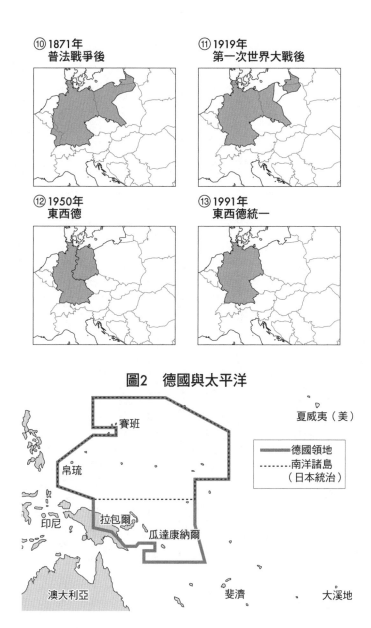

神聖羅馬帝國與德國的關係

希特勒率領的納粹德國自稱其統治體制為「第三帝國」。「第一帝國」為中世紀的神聖羅馬帝國，「第二帝國」是指鐵血宰相俾斯麥將小國林立的德國統一。從現今德國在歐洲聯盟中獨霸的狀況來看，將來有可能被稱為「第四帝國」。

德國和法國一如兄弟國家。查理曼大帝治下的法蘭克王國因凡爾登條約分裂為三，西法蘭克王國變成法國，東法蘭克王國即為德意志（八四三年。圖一之一）。從義大利延伸過來的德法中間地帶雖然曾有中法蘭克王國，但很快就因墨爾森條約分成義大利王國、勃艮第王國，以及被東、西法蘭克王國瓜分的地區（圖一之二）。

有趣的是，法國的起源是卡洛林王朝的查理曼大帝，其前身是墨洛溫王朝；相較之下，咸認德意志王國歷史起源於卡洛林家族滅亡、由康拉德一世（德國國王，八八一～九一八，在位九一一～九一八）即位的時間點左右。第三代東法蘭克國王奧托一世（九一二～九七三），是第一位同時兼任義大利王的皇帝（九六二年）。

雖然國土範圍會根據征伐輸贏有所不同，不過基本上都包含了中法蘭克王國和東法蘭克王國的領土，也包括現今法國的東部地區（圖一之三）。

十二世紀時的「神聖羅馬帝國」就在這個背景下誕生，不過大多數人還是會認為奧托一世加冕後才算建立了神聖羅馬帝國。德意志國王是從諸侯之中選出，再由教皇加冕成神聖羅馬帝國的皇帝，並同時獲得義大利國王的稱號（圖一之四）。

德意志國王是遵循日耳曼傳統選舉而出，不過到十三世紀左右，這個體制就慢慢固定下來。根據一三五六年查理四世所公布的《金璽詔書》，將美茵茲、科隆、特里爾的大主教，普法茲領地的統治者（同時為巴伐利亞公爵）、薩克森公爵、布蘭登堡藩侯以及波西米亞國王，任命為選帝侯（握有德意志國王、神聖羅馬帝國皇帝選舉權的諸侯）。他們因此享有高度的自治權力，再也不會再隨便擁立皇帝了（圖一之五）。

雖然神聖羅馬帝國的皇帝是透過選舉產生而非世襲，不過許多皇帝都從相同的家族出身，像奧托一世的薩克森王朝、十字軍時代的霍亨斯陶芬王朝、剛才提到寫出《金璽詔書》的查理四世——波西米亞王的盧森堡王朝等等都非常有名。接著阿爾布雷希特二世在一四三八年成為德意志國王之後，哈布斯堡家族幾乎囊括了所有皇帝的寶座（圖一之五）。

基本上，神聖羅馬帝國沒有一個給皇帝常駐其中的帝都，例如盧森堡王朝時代的皇帝住在布拉格，腓特烈三世則住在西西里。德意志國王的選舉在查理曼大帝宮廷的亞琛舉行，到斐迪南二世為止的皇帝加冕儀式都於亞琛進行，但不久後該地區因戰亂而陷入危險，故從一一五二年的腓特烈·巴巴羅薩開始，其後二十四名皇帝都是在法蘭克福選出。接著來到一三五六年，《金璽詔書》確立了皇帝選舉的地點，一五六四年馬克西米利安的加冕儀式也移到法蘭克福。

由於天主教教會帶給民眾過大的負擔，德意志地區開始反彈，波西米亞地區的胡斯派運動可說是基督新教的先驅。馬丁路德延續其理念，於一五一七年在威騰貝格大學發表《九十五條論綱》，對贖罪券提出質疑。

此時的皇帝為哈布斯堡家的查理五世（一五〇〇～五八），細節我會於荷蘭的章節介紹。他出生於法蘭德斯（現在的比利時）的根特，繼承西班牙王室及勃艮第公爵家。查理五世召開了沃木斯議會，傳喚馬丁路德來審問。不過由於馬丁路德拒絕撤回言論，皇帝就依沃木斯勒令將其放逐並禁制他的著作。沒想到馬丁路德卻被薩克森選帝侯「賢明的」腓特烈三世藏匿起來，使他能夠在瓦爾特堡完成德文版的新約聖經（圖一之六）。

之後，查理五世在戰場上俘虜了宿敵法國國王法蘭索瓦一世而獲勝，但教皇並沒有因為皇帝一面倒的勝利高興，反而站在法國這邊使事態變得更混亂，導致最後皇帝揮軍侵略羅馬進行掠奪（一五二七年，「羅馬之劫」）。

過沒多久，許多諸侯開始厭倦被羅馬教皇及皇帝統轄，於是改宗基督新教。鄂圖曼帝國的蘇萊曼一世藉此良機侵略匈牙利，匈牙利國王拉約什二世在「摩哈赤戰役」中戰死，鄂圖曼於一五二九年包圍了奧地利首府維也納（第一次維也納之圍）。

在拉約什二世死後，奧地利大公爵斐迪南——查理五世之弟、同時是拉約什二世的姊夫——雖然承繼了匈牙利．波西米亞的王位（波希米亞位於帝國內，而匈牙利在帝國外），但仍持續了好一陣子的苦戰。另一方面，宿敵法國則和鄂圖曼帝國結盟。

根據一五二九年和法國簽訂的康布雷條約，義大利確定成為查理五世的轄地，並於一五三〇年在波隆那由教皇親自為查理五世加冕。之後，加爾文在日內瓦將基督新教發展為神權政治。到了一五五五年，在奧格斯堡帝國會議中簽訂和議，各諸侯擁有選擇信仰的權利，而且有權在領地內強制規定臣民的信仰（圖一之六）。

深受痛風煩惱的查理五世後來隱居到西班牙的修道院，將皇位讓給弟弟斐迪南，自此哈布斯堡家族分成了西班牙系與奧地利系，帝位由奧地利系繼承。不過帝國領地中的荷蘭和比利時，則依然是西班牙的領土（但西班牙國王不得兼任神聖羅馬帝國的皇帝）（請參閱第十一章圖三）。

因西伐利亞條約向法國屈服的德國

後來，天主教聯盟的政策再度轉為強硬，於是以天主教對抗基督新教、法國對抗德意志型態呈現的「三十年戰爭」開打了。最初是皇帝方佔上風，但沒多久丹麥、瑞典也介入。一六三二年，瑞典國王古斯塔夫．阿道夫二世和皇帝方的華倫斯坦將軍在「呂岑會戰」中展開對決，最後瑞典軍得勝，阿道夫卻不幸戰死。另一方面，華倫斯坦獨斷地與敵陣營密談以尋求和平，並意圖角逐波西米亞王位，最後被皇帝斐迪南二世暗殺。

此時，法國的首相黎胥留樞機因為排斥哈布斯堡帝國勢力膨脹，不顧自己天主教徒身分直接介入，使得基督新教陣營氣勢大漲。然而不久黎胥留和路易十三世相繼去世，法國選擇見好就收，於一六四八年簽訂西伐利亞條約結束戰爭。

根據此條約，瑞士和荷蘭被正式認可為獨立國家，基督新教路德派和加爾文派的地位也獲得公認，且領民可以和領主抱有不同的信仰。各領邦成為握有外交權的獨立國家，神聖羅馬帝國淪為空具形式的帝國，而「世界是由平等的主權國家組成」這種近代國家法的秩序就此奠立。此時所確立的國際法原則，後來也用於十九世紀後半的亞洲地區，藉此整理日本與中國、朝鮮之間的關係。

另外，瑞典及丹麥獲得帝國領地並成為日耳曼諸侯，法國則在亞爾薩斯．洛林地區得到廣大領地，兩個地區就此脫離神聖羅馬帝國。

在西班牙王位繼承戰爭中，法國路易十四之孫、波旁家族出身的菲利浦五世成為西班牙國王，而荷蘭、比利時、米蘭、拿坡里則由奧地利的哈布斯堡家族所繼承。

同一時期，哈布斯堡家族擊退了包圍維也納的鄂圖曼帝國軍隊，隨後慢慢收回領地，中歐地區也得以建立帝國的架構。然而當時的神聖羅馬帝國皇帝查理六世（一六八五～一七四〇）不僅本身沒有男性後代，連男系繼承者也找不到，又因為有些領地不認同由女性繼承，使得其兄約瑟夫一世的女婿（巴伐利亞公爵）受到薩克森選帝侯（當時兼任波蘭國王）的支持角逐帝位。

此時查理六世頒發國事詔書（Pragmatic Sanction of 1713），規定哈布斯堡家族的所有世襲領地永遠不得以分割的形式繼承。然而一七四〇年查理六世死後，普魯士的腓特烈二世（一七一二～八六）就佔領了哈布斯堡家族的領土西利西亞，巴伐利亞公爵也被選為皇帝，成為神聖羅馬帝國皇帝查理七世，引發了莫大混亂（奧地利王位繼承戰爭）。

普魯士領土的擴大

奧地利王位繼承戰爭持續到一七四八年，如果只從結論來看，瑪麗亞・特蕾莎（一七一七～八〇）幾乎繼承了哈布斯堡家族的所有領地，並被公認為奧地利女大公、匈牙利女王及波西米亞女王。其丈夫洛林公爵法蘭茲在麥第奇家族的家脈斷絕之後成為托斯卡尼大公，後來更被選為神聖羅馬帝國皇帝法蘭茲一世。

洛林公國原屬於神聖羅馬帝國的一部分，但同時也是法國國王麾下的諸侯國。不過這塊土地最後被送給法國路易十五的岳父——也就是失去波蘭王位的斯坦尼斯瓦夫，在他死後洛林回歸法國所有，確定脫離神聖羅馬帝國，成為法德之間的國境。

被普魯士國王腓特烈二世佔領的西利西亞，後來便割讓給普魯士，而原本屬於奧地利、位於義大利中部的皮亞琴察一帶，則送給西班牙；西西里則送給薩伏依公國（後來交換為薩丁尼亞）。

順帶一提，瑪麗亞·特蕾莎並不是一位女皇。雖然在英文中賦予了她女皇的頭銜，但那是指她是皇帝法蘭茲一世的正妻，亦即為皇后的意思。

神聖羅馬帝國之所以會在名義與實質上都消失，是因為瑪麗亞·特蕾莎之孫法蘭茲二世（一七六八～一八三五）受到拿破崙逼迫，不得不宣布「要解除其身為神聖羅馬皇帝的義務」，僅保留奧地利帝號的關係（圖一之八）。

之後拿破崙戰爭（一八〇三～一五）爆發，萊茵河左岸被併入法國領土，而巴伐利亞和符騰堡升格為王國，並組成萊茵聯邦。在「滑鐵盧戰役」發生後，依照維也納會議（一八一五年）的規定，原則上國境都劃回拿破崙戰爭以前的狀態，不過神聖羅馬帝國沒有復興，反而成立日耳曼邦聯，由奧地利擔任邦聯議會主席國（圖一之九）。

比利時從奧地利移轉給荷蘭，普魯士取走荷蘭王家在德國境內的土地、萊茵河、瑞典屬西波美拉尼亞；為了補償瑞典，丹麥將挪威讓給瑞典。奧地利獲得威尼斯共和國和米蘭，帕爾馬則被送給了拿破崙的皇后——哈布斯堡家的瑪麗．路易莎。

在那之後，奧地利打起「大德意志」口號，想要整合包含德意志人居住地，以及波西米亞等非德意志人的土地，來進行德國統一；另一方面，普魯士傾向於局限在當今德國民族居住地的「小德意志」主義。然而在民族主義的潮流下，奧地利的主張難以實踐，最後大家就以普魯士為中心統一。

普魯士的俾斯麥（一八一五～九八）人稱鐵血宰相，他是以小德意志主義為基礎進行統一。首先他在普奧戰爭中打敗奧地利，從丹麥手上取走霍爾斯坦、施萊斯維希，又挑釁拿破崙三世，引發普法戰爭後獲得勝利。接著，普魯士國王威廉一世於一八七一年一月十八日，在凡爾賽宮宣布成立德意志帝國（國名為德意志國），這也是恪守在遠征地擁戴國王的日耳曼民族傳統（圖一之十）。

德意志帝國的領域範圍，包含從法國所併吞的皇帝直轄領地亞爾薩斯、洛林，以及普魯士、巴伐利亞、符騰堡、薩克森這四個王國，還有六個大公國、五個公國、七個侯國、三個自由都市。

沒人要的土地陸續成為德國殖民地

普魯士王國原本是德意志騎士團領邦，地點在現今俄羅斯領土加里寧格勒（柯尼斯堡）附近，不屬於神聖羅馬帝國的一部分。他們將波蘭視為宗主國。

透過聯姻，此地成為柏林周邊的布蘭登堡選帝侯領地。接著在西班牙王位繼承戰爭之中，腓特烈一世自稱「普魯士之王」，並於一七〇一年獲得神聖羅馬帝國皇帝認可。到了十八世紀後半，在深受啟蒙思潮的君主腓特烈大帝（二世）的統治下，普魯士躍居一流國家。

在統一德國以後，俾斯麥為了守護這個新生的國家，外交活動厲行謹慎。然而德國皇帝威廉二世和他崇尚自由主義的母親──英國女王的長女維多利亞不合，欲以成為能夠抵抗英國的世界帝國為目標。

為此，威廉二世支援中東的伊斯蘭教徒，主導三B政策（用鐵路連接柏林、拜占庭、巴格達），以及在非洲、太平洋等英、法認為經濟價值過低而不值得投資之處擴展殖民地，反覆進行大膽外交。

他獲得的區域，包含被稱為德屬東非的坦尚尼亞、盧安達、蒲隆地、西非的喀麥隆、多哥（請參照第八章圖一）、在第一次世界大戰後改由日本託管的南洋群島、巴布亞紐幾內亞、索羅門群島等等（圖二）。此外，他也將勢力延伸到中國的山東半島。

另一方面，哈布斯堡家族奧地利帝國境內的匈牙利人要求自治，於是在一八六七年，成立了以奧地利和匈牙利為主軸的「二元帝國」（奧地利＝匈牙利帝國），斯洛伐克、羅馬尼亞的一部分、克羅埃西亞等區域，都包含在匈牙利王國的領域之內。

之後，奧地利於一九〇八年併吞波士尼亞和赫塞哥維納，成為後續重大事件的導火線。一九一四年，拜訪波士尼亞和赫塞哥維納的奧地利皇太子夫妻，被波士尼亞族的塞爾維亞青年刺殺，第一次世界大戰就此開始。

戰後，德國把亞爾薩斯．洛林還給法國，又割讓與波蘭復國相關的領土，連面向波羅的海的但澤自由市周邊地區也割離德國領土，並失去了所有的海外領地。

奧地利和匈牙利則各自成為獨立國家，南斯拉夫和捷克斯洛伐克也因此成立。奧地利帝國在義大利的領土，已經在一八六〇年時因為義大利王國的成立而失去，但這時連南提洛也割讓出去。

再者，德國被迫要償還莫大的賠償金，也禁止在萊茵河左岸設置軍事配備。納粹在這樣的背景下勢力抬頭，他們先是毀約進駐萊茵河左岸，然後佔領位於德國、捷克斯洛伐克國境地帶的蘇台德地區，接著併吞奧地利、將捷克斯洛伐克納入受保護國等等，最後和蘇聯一同侵略波蘭。於是英、法發布宣戰（一九三九年），第二次世界大戰爆發。

戰況一開始對德國有利。法國投降，德國佔領了荷蘭、比利時、波蘭、丹麥、挪威、南斯拉夫、羅馬尼亞、希臘、北非等國，也侵略到俄羅斯境內深處。然而形勢逐漸逆轉，受到聯軍攻擊的德國最後敗北收場。

蘇聯改革促使東西德迅速統一

戰後，蘇聯獲得波蘭東半部分，合併到烏克蘭（加利西亞地區）和白俄羅斯。波蘭則從德國奪取東波美拉尼亞、西利西亞、東普魯士（但加里寧格勒一帶歸屬蘇聯）等地做為補償。另外，薩爾地區曾一度被法國併吞，不過在居民投票過後，最後歸屬於德國。

剩下的德國領土被英、法、蘇佔領，不久後美英法佔領地區成為德國聯邦共和國（西德），蘇聯佔領地區成為德意志民主共和國（東德）。雖然柏林市也被四個國家給瓜分佔領，然而蘇聯並不承認西柏林屬於西德的一部分，最後就封鎖了該地（圖一之十二）。

西德政府設立於規模不大的大學都市波昂，這可能是因為如果將政府機構設在法蘭克福和科隆這類的大都市，恐怕會成為永久性的措施，於是判斷以波昂一帶做為暫時性的權宜地點較為妥當。

西德一直都在為哪天兩德統一、領土回歸做考量。戰後，儘管那些被波蘭等國奪走的地區仍然出現在天氣預報節目的地圖，但隨著西德的布蘭特首相推行與共產陣營諸國溝通的「東方外交」政策，東西德得以互相承認國家地位，領土爭議逐漸平息。

至此，幾乎人人都認為東西德無法統一，然而在蘇聯經濟改革的激烈動盪期間，西德的柯爾首相沒有錯過這個一瞬即逝的良機。他全盤接受蘇聯和歐洲諸國的要求，經濟上也幾乎是抱持不顧一切的覺悟，下定決心統一（圖一之十三）。

至於首都，由國會投票決定繼續留在波昂還是移到柏林，柏林最後以幾票之差獲勝。接著他們把當初的官廳分成兩部分，波昂依然保留相當程度的首都機能，不過由於這樣不太方便，後來就幾乎都移到柏林了。

第 11 章

荷蘭

正式名稱・英語正式名稱

荷蘭王國・Kingdom of the Netherland

別國語言的稱呼

Koninkrijk der Nederlanden（荷）、Netherland（英）、Pays Bas（法）、荷蘭（中）

首都

阿姆斯特丹（實質上為海牙）

語言

荷蘭語

面積

四萬一千八百六十四平方公里

人口

一千六百八十六萬人

貨幣

歐元

國旗

紅、白、藍的橫條三色旗

國歌

威廉頌

宗教

天主教百分之三十一

民族

荷蘭人百分之八十三

國慶日

四月三十日（前朱利安納女王的生日）

圖1　荷蘭的海外擴張

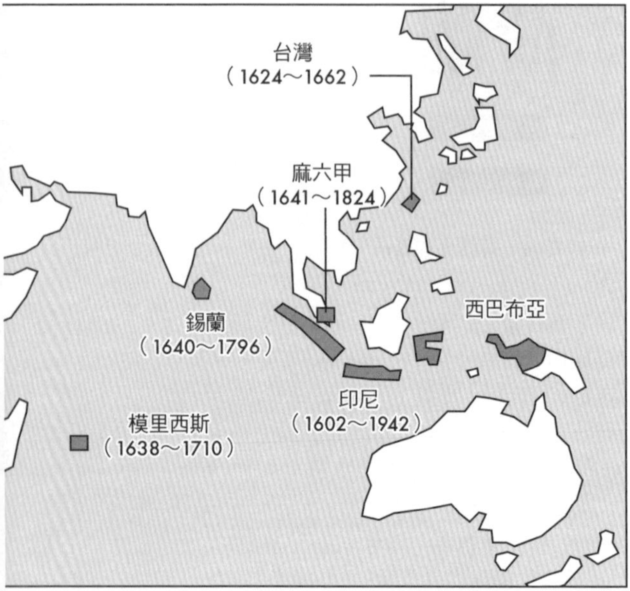

圖2　荷蘭的變遷

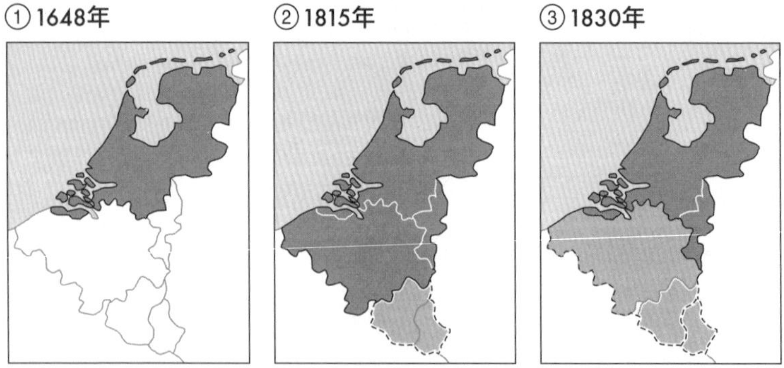

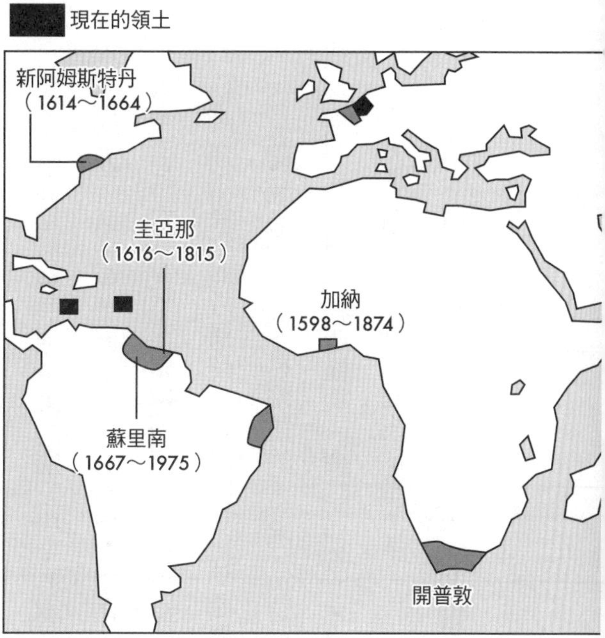

圖3　16世紀後半的哈布斯堡領地

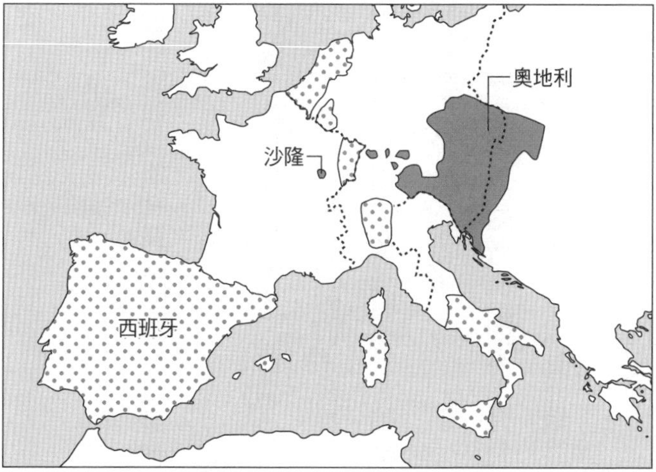

※ 分成奧地利家族和西班牙家族

在全世界擴張殖民地的五大勢力之一

鎖國時代的日本雖然只跟荷蘭維持通商關係，但事實上，從一八一〇年開始的十三年間，荷蘭並不存在，而是被法國併吞。荷蘭的國旗只能在長崎的出島及迦納的埃爾米納城堡豎立飄揚。

歐洲拓展殖民地帝國的國家中，共有英國、法國、西班牙、葡萄牙、荷蘭這五大勢力。其中荷蘭於一六〇二年成立東印度公司，於一六〇九年在長崎的平戶設立商館，一六三九年在驅逐葡萄牙勢力之後獨佔日本貿易。直到一八五四年日、美締結神奈川條約開放通商，超過兩世紀荷蘭壟斷對日貿易的狀況才結束。

荷蘭並不是歷史淵遠的古國，而是於一五八一年獨立的新興國家，直到一六四八年西伐利亞條約（圖二之一）才得到各國承認。另外，荷蘭國土意外地迷你，大小和人口跟日本九州相差不多。

日本將該國稱為荷蘭，不過世界各國對它其實有各式各樣的稱呼。首先荷蘭這個名字，是來自荷蘭獨立戰爭（八十年戰爭。一五六八～一六四八）當中的核心地區，這個概念類似日本人會將古代日本稱為大和。

以正式名稱來說，荷語稱為尼德蘭，這在英語中有「低地」（Netherland）的意思；法文則是直接以低地國家（Pays Bas）稱之。在日內瓦的聯合國歐洲總部，由於是以法文為主的議場，你得從P開頭的字母去找，才找得到荷蘭代表。

話說回來，英語中代表「荷蘭的」這形容詞，是來自於「民眾的」之荷蘭語Dutch。日文中的德國是出於荷蘭語中的Deutsch，這個Deutsch和Dutch有著相同語源。另一方面，法文的形容詞則是Nederlanden。

另外，荷蘭脫離西班牙的獨立戰爭，又被稱為「法蘭德斯叛亂」。這個法蘭德斯和荷蘭之間又有怎麼樣的關係？

所謂法蘭德斯的名稱，源於中世紀時將比利時的布魯日、根特等地封為法蘭德斯伯爵領地。到了中世紀末期，開始有人將現在荷蘭、比利時一帶的廣大領地稱做法蘭德斯，在荷蘭歸屬於西班牙領地時此稱呼更為風行，才會用法蘭德斯叛亂來代表荷蘭獨立戰爭。荷蘭王室為奧蘭治—拿騷家族，這個稱呼是由於連接了兩脈先祖的體系：法國的奧蘭治（Orange，荷文稱為Oranje）公爵，以及德意志的拿騷伯爵，稍後我會詳細說明。

荷蘭本國領土有許多是填平了湖沼及濕地的人工海埔新生地，因此有人說「其他國家是由神明創造，不過荷蘭是人造的」。名目上的荷蘭首都是阿姆斯特丹，加冕典禮也在那裡舉行，但海牙才是實質上的首都。

目前荷蘭已經失去印尼在內等主要殖民地，不過在加勒比海地區還留有一些。

從勃艮第公國到查理五世的帝國

現今荷蘭和比利時屬於萊茵河河口地區，是法蘭克人的故鄉。他們基本上是居住於德國西北部、荷蘭一帶的部落聯盟，在蓄長髮做為特徵的王族領導下，慢慢形成所謂的法蘭克民族，這個名稱源自拉丁語中的飛斧（Francisca）。

墨洛溫王朝的克洛維一世建立法蘭克王國，其父希爾德里克於四八二年過世，被埋葬在駐地圖爾奈（比利時北部）的羅馬軍人墓地。後來世事流轉，相關事蹟早已失傳，不過希爾德里克的墓地在一六五三年被發掘出來。他穿著羅馬帝國的正式軍裝，周遭放置象徵法蘭克國王的陪葬品。

另外，查理曼大帝出身的卡洛林家族，正是來自荷蘭南部的馬斯垂克一帶。

荷、比、盧三國指的是荷蘭、比利時、盧森堡，其原形是中世紀的勃艮第公國。再往前追溯，便是查理曼大帝帝國分裂成三時的中法蘭克王國一部分，而中法蘭克王國又進一步分成義大利、普羅旺斯和包含了瑞士到萊茵河河口一帶的洛泰林吉亞（洛林的語源）這三個部分。之後它們因為沒有後繼者而產生紛爭，使得普羅旺斯和洛泰林吉亞分別被西、東法蘭克王國、德國給併吞（八七〇年，墨爾森條約）。

後來，德意志諸國從萊茵河中游流域開始往西併吞這些自然國境。萊茵河河口部分雖是法國領土，不過這要說成國境畢竟有點勉強，因此常常是紛爭的根源。

即使如此，從狹義來說萊茵河中游流域是指洛泰林吉亞和亞爾薩斯地區，法國不斷向該處擴張版圖，使國境慢慢變成接近現在的界線。但萊茵河河口省份、當時被稱為法蘭德斯的地區，卻因為貴族聯姻與繼承的關係，形成複雜又詭異的局面。

勃艮第公國擁有該地，為法國王室的分家，但這個家族被限定於唯有以男系繼承的條件下，才得以擁有勃艮第公爵領。後來幾個世代不時發生沒有男丁繼承，使得領地常常被歸還給國王。

不過歷代的勃艮第公爵，都透過聯姻慢慢蠶食法蘭德斯周邊（比利時、荷蘭）地帶；雖稱不上獨佔，但幾乎仍囊括萊茵河河口部分到瑞士附近的區域。尤其查理五世的外曾祖父勇士查理（一四三三～七七）利用法蘭德斯發達的工商業，成為歐洲的富裕王侯，使勃艮第公國成長到幾近獨立的狀態。

然而勇士查理在一場前哨戰中大意戰死，且後代只有獨生女瑪麗，導致勃艮第公爵領歸還給法王，法蘭德斯則成為瑪麗嫁入哈布斯堡家族（神聖羅馬帝國皇帝馬克西米利安一世）的嫁妝。後來瑪麗之子菲利浦一世和西班牙公主胡安娜結婚，他們的兒子只會說法文和法蘭德斯方言，長大後即位為神聖羅馬帝國皇帝查理五世

（一五〇〇～五八）、西班牙王卡洛斯一世，他也是勃艮第公爵的繼承者。

和這位查理五世對抗的，是以保護李奧納多．達文西而出名的法國國王法蘭索瓦一世。查理五世想取回勃艮第，法蘭索瓦則想要法蘭德斯和米蘭，雙方皆以「奪回土地」為目標而紛爭不斷。除此之外，此時弗里西亞、烏德勒支主教區、格爾德恩侯國也都受查理五世支配。到最後，法蘭德斯歸給了查理五世其中一個兒子，即是後來的西班牙國王菲利浦二世。

由於西班牙總督阿爾瓦公爵嚴厲鎮壓荷蘭地區的新教運動，後來民眾就以奧蘭治—拿騷家族的奧蘭治親王威廉為中心，向西班牙統治掀起叛旗。北部七省於一五七九年組成烏特勒支同盟，到了一六〇〇年左右，便以荷蘭共和國（荷蘭共和國）的形式實質獨立。

荷蘭省是七省當中的核心，包含了阿姆斯特丹、海牙、鹿特丹這三大都市。另外澤蘭省的首府米德爾堡，現在是長崎市的姐妹都市。

然而南部地區（現在的比利時）是天主教佔優勢，於帕爾馬公爵法爾內塞取代阿爾瓦公爵擔任總督之後，在他的努力下使該地留在西班牙的領土中。

後來發生了三十年戰爭（一六一八～四八），雖然這是德意志諸國間的宗教戰爭，荷蘭共和國南部的都市布雷達兩度被西班牙軍佔領。一六二五年西班牙將軍斯皮諾拉率軍成功圍城，拿騷的尤斯蒂努斯（奧蘭治公爵威廉一世的庶子）交出城門的鑰匙投降，維拉斯奎茲的名畫「布雷達之降」描述的即是這個場面。

一六四八年，根據三十年戰爭所簽訂的西伐利亞和約，荷蘭獨立正式獲得公認。領土範圍和現在的荷蘭大致相同，不過南部只確保了八個要塞，周邊依然是西班牙領土，據說這是因為荷蘭不希望國境跟法國直接接觸（圖二之一）。

向德川幕府告密而獨佔日本貿易

十七世紀是荷蘭的黃金時代，他們透過設立荷蘭東印度公司來開拓世界。法蘭德斯地區的比利時，原本就是毛織物產地和歐洲的中繼貿易中心，集結了東歐和北歐的麥子和麻布原料、地中海的鹽、北海的魚等貨源。另一方面，信仰新教的工商業者因荷蘭獨立而移居荷蘭，促使阿姆斯特丹等地繁榮起來，造船業隨之發展，其產量高達全歐洲六成。大家所熟悉的風車，正是為了要鋸木造船而積極興建。

但是在十六世紀末，西班牙（此時和葡萄牙是共主邦聯）禁止荷蘭的船隻入港，於是荷蘭商人把目標轉向亞洲。荷蘭政府支持這項活動，為了避免過度競爭，於一六〇二年設立東印度公司，其資本額為英國同名公司的十倍。

荷蘭人擴展貿易勢力的方式，是先選擇跟葡萄牙人不同的地方建立據點，隨後將他們趕走。由於葡萄牙並沒有在殖民地進行實質統治，荷蘭人侵略起來非常容易，這部分我會於接下來的葡萄牙章節提到。

荷蘭人得手的區域，包括非洲的埃爾米納城堡（迦納）、斯里蘭卡、麻六甲及巴達維亞（雅加達）為中心的印尼、台灣等地。此外，他們也向德川幕府發出「葡萄牙人和西班牙人為了拓展天主教要消滅日本」的謠言以趕走對手，並在長崎的出島地區設置商館，獨吞日本貿易（圖一）。

當時荷蘭人以低價從日本收購白銀再轉手賣出，輕而易舉便獲得高額利潤。然而日本進入元祿時代以後，白銀產量減少，日荷貿易隨之下滑，因此荷蘭在長崎的黃金時代只到元祿時代以前。

至於南美地區，荷蘭在一六〇三年得到巴西東北部的勒西菲，於一六二五年在北美的曼哈頓島建立阿姆斯特丹堡，紐約就此誕生。世界金融運作中心華爾街這個名稱，就是源自荷蘭在那裡建立的城牆。

荷蘭人在美洲靠著奴隸貿易大賺一筆。奴隸從迦納的埃爾米納上船，在安地列斯群島的古拉索下船。島上五彩繽紛的街道被列為世界遺產，加入橘子皮的利口酒聞名世界，但這個地方也曾經是殘酷的歷史現場。

荷蘭的黃金時代結束之後，他們陸續從殖民地撤退，分別於一六五三年、一六六二年、一六六四年失去巴西、台灣和新阿姆斯特丹的殖民地。另外在進入十九世紀以後，英國於拿破崙戰爭期間佔領了開普敦、斯里蘭卡、麻六甲、印尼等地。現今的印尼區域雖然後來歸還給荷蘭，不過馬來半島依然在英國的支配底下。

荷蘭王室由來與印尼獨立

荷蘭王家稱為奧蘭治—拿騷，其先祖是荷蘭獨立戰爭的領導者奧蘭治親王威廉（荷蘭總督威廉一世，一五三三～八四）。威廉原本的家系是拿騷，那是位於德意志地區的小貴族，根據地是科隆東部的迪倫堡。

拿騷伯爵家經由婚姻得到了荷蘭布雷達周遭的領地，威廉的堂兄勒內．沙龍也因為結婚而繼承法國境內的奧蘭治親王國。在勒內死後，該地轉由威廉繼承，後世才稱之為奧蘭治—拿騷家族。

新教諸侯推舉威廉成為荷蘭省和澤蘭省的總督（執政），他最後也成了烏特勒支同盟（一五七二年）的盟主。在西伐利亞條約簽訂後，多數省和少數省的總督職位，分別由威廉的子孫、以及其弟約翰的子孫世襲繼承。

一六八八年英國光榮革命後，有一段時間威廉三世和其英國王家出身的王妃瑪麗成為共同君主，因此和英國建立良好關係。此外，在西班牙王位繼承戰爭之後，根據烏特勒支和約，比利時成為奧地利的領土（一七一三年）。

法國革命之後，拿破崙支援革命派和從荷蘭流亡至法國的人士，在荷蘭建立了巴達維亞共和國（一七九五年），但不久就改制為由其弟路易·波拿巴稱王的荷蘭王國。由於路易為了守住荷蘭的國家利益而反抗兄長，拿破崙便將荷蘭併入法國（一八一〇年）。

在拿破崙敗北之後的維也納會議（一八一四～一五）中，流亡至英國的荷蘭總督威廉六世（以荷蘭國王來看算是威廉一世）建立了荷蘭聯合王國，比利時也變成其領土。此外，他把先祖傳下來的領地讓給普魯士，以交換兼任盧森堡大公（圖二之二）。

一八三〇年，天主教徒眾多的比利時地區受到法國七月革命的影響爆發叛亂，該地進而獨立（圖二之三），而且後來盧森堡也落入荷蘭王家的分家手中。一八九〇年威廉三世過世後，由於沒有男系子孫，就由威廉明娜公主繼位，此時不接受女性擔任大公的盧森堡大公國便取消共主邦連，完全獨立出去。

在第二次世界大戰之前荷蘭僅存的殖民地，是荷屬東印度（印尼）、荷屬圭亞那（蘇里南），以及荷屬安地列斯群島（加勒比海）的六個島嶼。

戰後，荷蘭試圖重新控制曾被日本佔領的印尼，但在一九四九年不得不放手讓印尼獨立。至於新幾內亞島西部的西巴布亞地區，他們短暫宣佈獨立，卻在一九六一年被印尼佔領，並於一九六九年正式併吞。至於南美的蘇里南，也在一九七五年完全獨立。

而安地列斯群島因為諸多歷史因素，使得阿魯巴、古拉索、聖馬丁成為荷蘭聯合王國的構成國家之一，與荷蘭本土共組王國。至於波奈、聖佑達修斯、沙巴這三個島嶼，則視為荷蘭本土的一部分。

第12章

西班牙

正式名稱・英語正式名稱

西班牙・Spain

別國語言的稱呼

Espana（西）、Spain（英）、Espagne（法）、西班牙（中）

首都

馬德里

語言

西班牙語

面積

五十萬六千平方公里

人口

四千六百四十六萬人

貨幣

歐元

國旗

血與金（畫有王冠、五盾紋、兩根海克力士的圓柱）

國歌

皇家進行曲（無歌詞）

宗教

天主教百分之九十二

民族

西班牙人百分之七十四

國慶日

十月十二日（慶祝發現美洲大陸的西班牙之日）

圖1　收復失地運動的進展

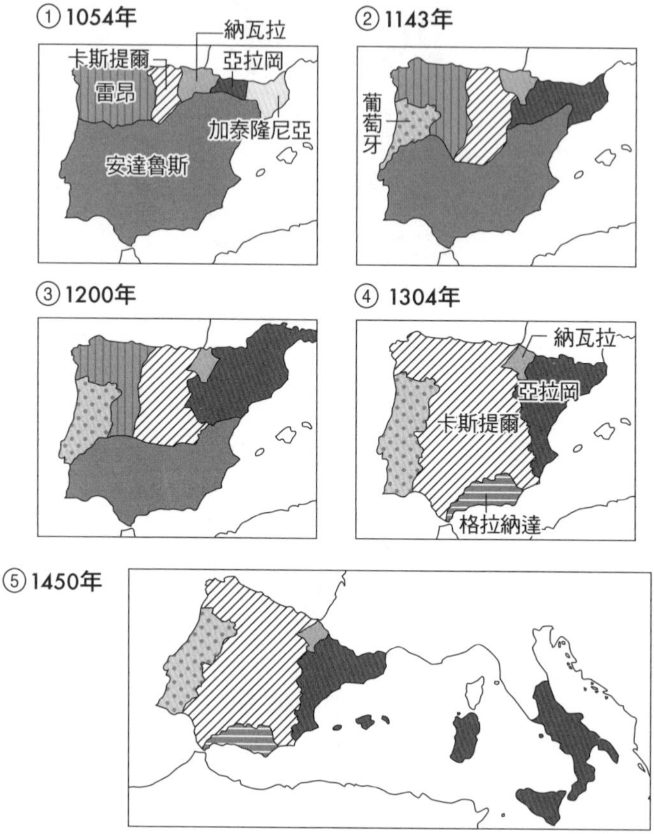

圖2　現代西班牙及其領土問題

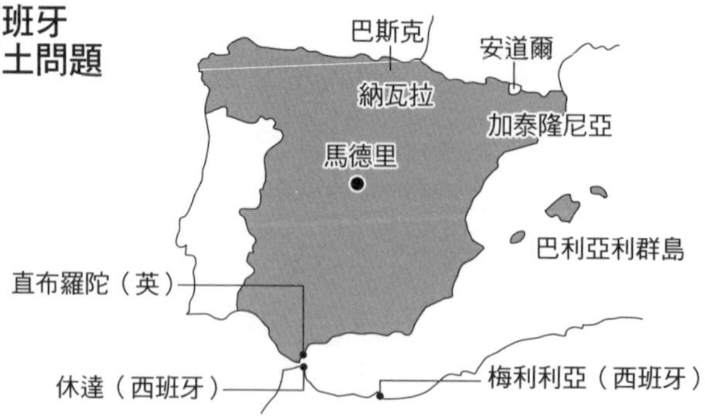

圖3　各國在美洲大陸的擴展（1660年左右）

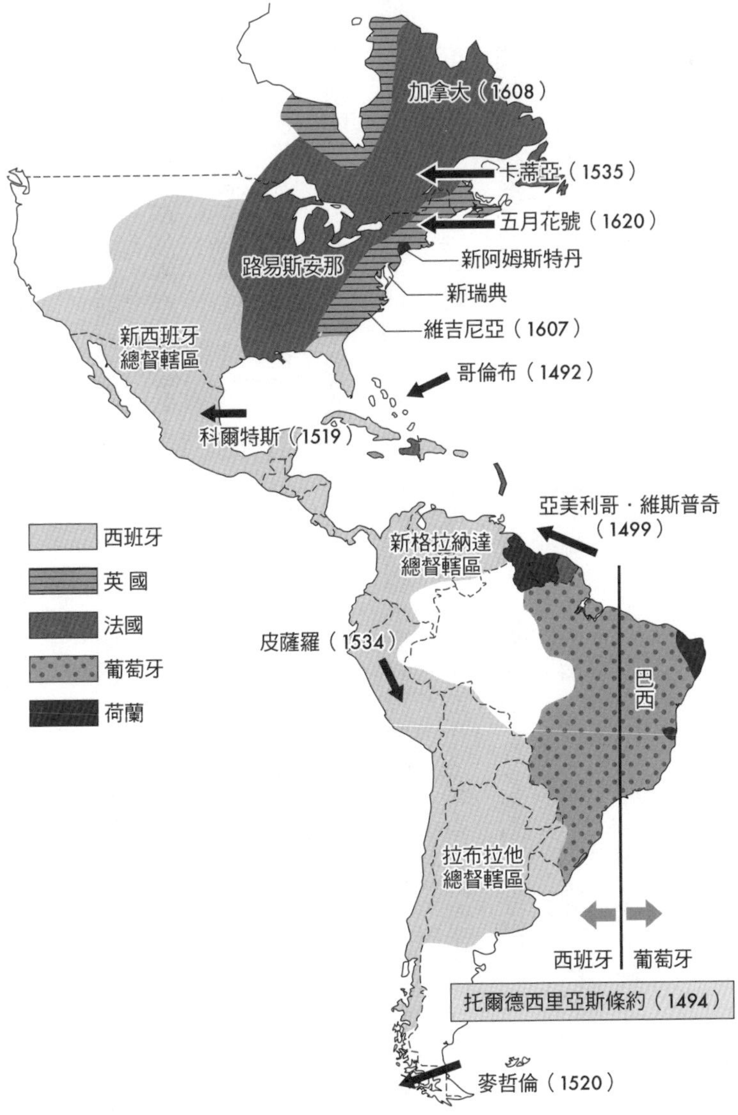

取自八幡和郎《世界國名地名解説大全》（暫譯）

法國前總理為西班牙出生的加泰隆尼亞人

西班牙本土目前有五處領土面臨問題：加泰隆尼亞與納瓦拉的分離運動；南端的直布羅陀跟英國產生紛爭；摩洛哥不斷要求歸還非洲最北端的休達，以及大西洋加那利群島地區。

巴斯克人與加泰隆尼亞人，是同時住在法國及西班牙地區的民族。定居在庇里牛斯山脈西部靠大西洋地區的巴斯克人，傳說是亞利安人移居歐洲之前的原住民（伊比利人）的遺族。他們建立起富裕的社會，擁有優秀的漁業技術，認真的個性與過度樂天的拉丁民族截然不同。巴斯克的畢爾包是西班牙最富庶的都市之一，而在佛朗哥時期夏季會將首都遷到聖塞巴斯提安，那裡以美食之都聞名世界。

貝雷帽便是源自巴斯克人獨特的風俗，方濟・沙勿略、因《波麗露》舞曲而出名的作曲家拉威爾、智利獨裁者皮諾契特及其政敵阿葉德這兩位前總統等等都是巴斯克裔。

之後我會介紹到在中世紀繁榮起來的納瓦拉王國，這同樣是由巴斯克人建立的國家。

由於巴斯克人使用與印歐語系不同的方言，導致在佛朗哥獨裁時期受到禁說巴斯克語等壓迫，於是第二次世界大戰後，該地區的獨立風潮逐漸高漲。

另一方面，獨佔庇里牛斯山脈地中海一側的加泰隆尼亞地區（英文稱Catalonia，西班牙語和加泰隆尼亞語稱之Catalunya，法文稱為Catalogne），原本是巴塞隆納伯爵的領土，隸屬西法蘭克王國但獨立性極強，最後被納入亞拉岡王國。加泰隆尼亞語是介於法文和西班牙文之間的語言。

當地資源豐富，從十九世紀開始一直尋求獨立。欲脫離西班牙的分離派佔州議會中的大多數，他們在二〇一四年企圖舉辦獨立公投，卻被西班牙憲法法院認定違憲，要求中止公投計畫，不過加泰隆尼亞還是舉辦了非正式的公投，其中獨立票佔多數。

此外，由於該區地理位置屬於軍事要地，在法國擴張領土的過程中，法國方的加泰隆尼亞地區也慢慢拓展出來。

達利、卡薩爾斯、高第等人都是加泰隆尼亞人。法國前總理（二〇一五年）瓦爾斯也是出生於巴塞隆納的加泰隆尼亞人，現在歸化為法國人。

夾在西班牙和法國國境的庇里牛斯山脈之中，還有一個名叫安道爾的國家。從一二七八年開始，法國的富瓦伯爵與西班牙的烏格爾主教便是該地的共治君主。這是由於富瓦伯爵是從九世紀的領主烏格爾伯爵繼承而來，而烏格爾伯爵將安道爾贈與當地教區主教。到了十六世紀，富瓦伯爵的領地為納瓦拉國王亨利所有，不久亨利又登基為法王亨利四世，全境皆由法王繼承。時至今日就變成有點複雜的狀況，法蘭西共和國總統同時也是安道爾的親王。

直布羅陀正是希臘人口中的「海克力士之柱」，是一塊聳立於地中海出入口的岩山。在十八世紀西班牙王位繼承戰爭的混亂當中，英國從西班牙手上同時得到直布羅陀和馬爾他島這兩個軍事要地。

西班牙不斷堅持要求歸還該地，英國則強調直布羅陀的公投結果反對回歸西班牙。不過雖然說是居民公投，其實只納入在那裡工作的人，其中大部分是通勤至西班牙上班者，所以英國的主張沒什麼說服力。西班牙有時會以直布羅陀的出入境限制來對抗。

取回被伊斯蘭教徒奪走的祖國

西班牙語是以伊比利半島北部卡斯提爾地區的語言為基礎，此地的領主經由征服和聯姻合併西班牙，他們的語言自然變成共通語。卡斯提爾的語言之所以會成為主流其中一個原因，是該地為發起「收復失地運動」（復國運動）的主要地區，尋求奪回伊斯蘭教徒在伊比利亞半島佔據的土地（圖一之一～四）。

讓我們回顧一下伊比利半島的歷史吧。史前時代的伊比利半島是伊比利人和凱爾特人的居住地，大約在一萬五千年之前，他們於阿爾塔米拉洞窟內留下了洞窟畫。

之後腓尼基人將伊比利半島稱為「蹄兔之地」，這就是西班牙（España）之名的語源。

到了西元前二〇二年，第二次布匿戰爭後該地落入羅馬統治，成為行省西班牙（Hispania），以農業主要生產地繁盛起來後，四一八年因民族大遷移，納入現在南法地區、以土魯斯為首都的西哥德王國內。

西哥德王國在六世紀時因遭受法蘭克王國的壓迫，將首都移到托雷多。這種沒那麼崇尚武風的精神，似乎流傳到現代，成為西班牙人寬厚仁善的特質。

西哥德王國在七一一年遭到來自北非的伊斯蘭勢力侵略而被消滅，以哥多華為首都的後伍麥葉王朝就此統治伊比利半島，不過半島北部山區仍有西哥德王國的殘支倖存。其中一人佩拉約（?～七三七）建立了阿斯圖里亞斯王國，這個王國除了成為西班牙的起源以外，佩拉約同時也被視為收復失地運動的始祖。

阿斯圖里亞斯王國的王室繼承非常隨興，不限女系或庶子。佩拉約之女埃爾梅辛達嫁給了坎塔布里亞公爵阿方索一世（六九三～七五七），其夫後來登基為阿斯圖里亞斯國王。後來王位傳到阿方索之弟的家系，其子孫一直延續到現在的西班牙國王菲利浦六世。

十世紀時，阿斯圖里亞斯王室的本家被分家雷昂王國併入。十一世紀時，伊比利半島東北部的納瓦拉王國的桑喬三世，讓他的三個兒子分別繼承納瓦拉王國、亞拉岡王國和卡斯提爾邊境伯國。後來，繼承卡斯提爾的斐迪南併吞妻子的老家雷昂王國，自稱卡斯提爾和雷昂之王，於是雷昂．卡斯提爾王國就此誕生（圖一之二）。

斐迪南的曾孫阿方索六世（一〇四〇～一一〇九）在高乃依的戲曲《熙德》之中登場，是大家非常熟悉的名君，這位國王在位期間也獲得了托雷多地區（圖一之三）。

隨著收復失土運動展開，到了十四世紀，科爾多瓦和塞維亞皆被攻陷，納斯爾王朝的格拉納達王國是半島上僅存的伊斯蘭教國家（圖一之四）。

另一方面，亞拉岡王室是由分家普羅旺斯伯爵家族繼承，他們和法國王室分家的安茹家族爭奪並取得拿坡里、薩丁尼亞、西西里島等地，建立起地中海帝國這般的優越地位（圖一之五）。

後來，卡斯提爾女王伊莎貝拉和亞拉岡國王斐迪南結婚，成立共主邦聯（西班牙王國），並在一四九二年攻陷格拉納達王國，完成收復失土運動，並將加那利群島也納入版圖。

然而，在建立了大帝國的斐迪南之孫——卡洛斯一世（即神聖羅馬皇帝查理五世）因痛風而引退時，其弟斐迪南繼承了奧地利等哈布斯堡家的領土以及皇位（透過婚姻得到匈牙利和波西米亞）；西班牙、義大利、法蘭克福、新大陸等地，則由其子菲利浦二世（一五二七～九八）繼承（請參照第十一章圖三）。

菲利浦的無敵艦隊在一五七一年的勒班陀戰役中，擊敗了鄂圖曼土耳其的海軍，從伊斯蘭教徒手中拿回地中海的制海權，沒想到後來卻在海戰中輸給英國。不過菲利浦二世還是取得菲律賓，同時也兼任葡萄牙王。西班牙和新教徒眾多、爭取獨立的荷蘭長年交戰，雖然荷蘭終究成功獨立，但比利時區域也因此能維持在西班牙的掌握之中。此外，從日本來的天正遣歐少年使節，也拜訪過菲利浦二世。

後來，西班牙為了對抗英國對抗而親近法國，法國路易十三、路易十四都迎娶西班牙公主為王妃。這導致在西班牙的哈布斯堡家族男系斷嗣之後，路易十四之孫以菲利浦四世（波旁家族）的身分即位，無視奧地利哈布斯堡家族的抗議。

由於英國反對此議並加入戰局，最後菲利浦二世把義大利和比利時讓給奧地利，直布羅陀和梅諾卡島讓給英國；此外，西班牙王室也必須放棄對法國王位的繼承權。路易十四在西、法邊境之處獲得數個軍事要塞，而位於庇里牛斯山脈面向大西洋一側的納瓦拉王國被一分為二，北側為法王所屬，南側則由西班牙國王兼任，該王國於一八三三年正式解體。

一七一三年，卡斯提爾和亞拉岡從共主邦聯改制為單一國家。

發現美洲大陸後的南美侵略與獨立運動

現在我們把焦點轉到西班牙的海外擴張。收復失地運動完成之際，身為勁敵的葡萄牙早已透過非洲航路直指印度了。為了急起直追，西班牙的哥倫布船隊打算向西行來開拓通往印度的航道。正是由於卡斯提爾女王伊莎貝拉同意金援哥倫布，後來西班牙才能順利在美洲建立大帝國（請參閱第十三章圖一）。

哥倫布最初到達的是西印度群島巴哈馬（一四九二年），後來又到了西班牙島（也就是現在的聖多明哥，多明尼加的首都），在此建立統治中心。

西班牙征服者科爾特斯於一五二一年征服阿茲特克王國，皮薩羅則在一五三三年消滅印加帝國，「發現」了太平洋，並以監護征賦制半奴隸式地控制原住民。西班牙在墨西哥、利馬、亞拉岡、義大利、哥倫比亞的新格拉納達（一七一七年）、阿根廷的拉布拉他（一七七六年）等地皆設有總督（viceroy）。

接著他們先是在玻利維亞的波托西（一五四五年）、後來在墨西哥發現銀礦，導致輸入歐洲的白銀激增，引發「物價革命」。中世紀以來呼風喚雨的德意志富商就此沒落，西班牙成為世界第一強國。

在美洲地區的英國殖民地，印地安原住民被當成敵對的野蠻人對待。西班牙雖然在中南美洲將印地安人視為一般臣民，事實上只是殘酷地驅使他們勞動。西班牙人會優待從母國派遣至新大陸的人員，稱之為「半島人」，和當地出身的國民有所差別。後來殖民地出身者被稱為克里奧人，並逐漸成長為當地的主導勢力。

一八〇七年，拿破崙軍入侵西班牙，波旁王朝一度被打倒，阿根廷出身的貴族軍人聖馬丁藉此機會，支持智利和秘魯的獨立運動。來自委內瑞拉、在歐洲受教育的克里奧人西蒙·玻利瓦爾，獲得聖馬丁等人的協助和西班牙展開激戰，一八一九年時終於讓新格拉納達脫離西班牙獨立，成立大哥倫比亞共和國。

這兩人於厄瓜多的瓜亞基爾進行會面，玻利瓦爾在一八二四年又解放了祕魯地區全境，隔年上秘魯獨立，並以玻利瓦爾之名將新國家命名為玻利維亞。

至於墨西哥地區，則是把多洛雷斯當地的神父伊達爾戈，於一八一〇年九月十六日發表「多洛雷斯呼聲」演說的那一天，訂為獨立紀念日。

西班牙雖然依舊保有位於本土對岸、非洲的休達，不過西撒哈拉和赤道幾內亞，分別於一九九五年、一九六四年獨立。由於西撒哈拉實質上被摩洛哥佔領，因此只有少數國家承認其獨立。

說到西班牙對亞洲的侵略，首先是麥哲倫和西班牙艦隊登陸菲律賓，和原住民發生衝突後身亡。之後，征服者黎牙實比在中國海盜的根據地構築要塞，這就是馬尼拉的開端。由於當時的皇太子叫菲利浦二世，於是這個群島就被命名為菲律賓（Filipinas），後來演變成國家名稱。對西班牙來說，起初菲律賓這塊土地只是他們和中國貿易的轉運站，但後來也種植起香蕉等農作物。一八九八年，在美西戰爭後，菲律賓變成美國領土。

日本在第一次世界大戰後從德國手中取得南洋群島託管（馬里亞那群島和加羅林群島）。那裡本來屬於西班牙領地，德國是在美西戰爭後才買走的。

順帶一提，在世界上以某語言為母語的人數，中文為絕對領先的第一名，有十億人以上；接下來是英文，超過五億人；印地語略少於五億人；西班牙語則是四億人以上，位居第四。至於為某國官方語言的數目，分別是英語五十六國、法語三十二國、西班牙語和阿拉伯語三十一國。一般而言，西語系國家教育水準偏低，許多人只會說西班牙語，反而導致西班牙語的重要性不斷提升這番諷刺的結果。

第13章

葡萄牙

正式名稱・英語正式名稱

葡萄牙共和國・Portuguese Republic

別國語言的稱呼

República Portuguesa（葡）、Portugal（英）、葡萄牙（中）

首都

里斯本

語言

葡萄牙語

面積

九萬一千九百八十五平方公里

人口

一千零四十三萬人

貨幣

歐元

國旗

綠紅旗（綠代表希望、紅代表十月革命。
有著盾和天球儀的國徽）

國歌

葡萄牙人（一九一〇年制定）

宗教

天主教百分之九十二

民族

葡萄牙人百分之九十二

國慶日

六月十日（國民詩人賈梅士忌日，也是葡萄牙之日）

圖1　大航海時代

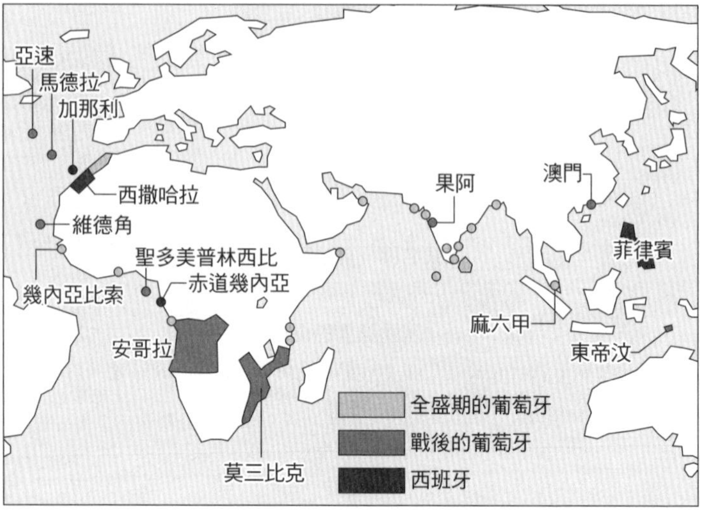

圖2　巴西的發展

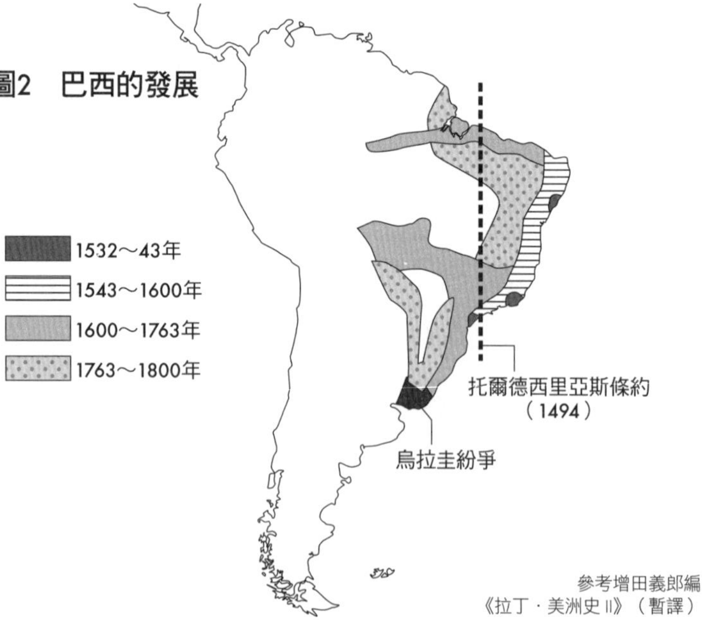

參考增田義郎編
《拉丁・美洲史 II》（暫譯）

航海王子恩里克揭開大航海時代的序幕

日語中對英國國名的讀法，來自於葡萄牙語中的英格蘭（Inglês），這我先前已說明過。

日語中對希臘的讀法，也是來自葡萄牙語中的Glacier，在希臘當地則是自稱為e laða（古希臘語為Hellas）。希臘化文明（Hellenism）這個字也是由此而來，其語源是希臘神話中的女神海倫。

日文之所以會摻雜著葡萄牙語，是因為把亞歐兩洲連結起來的就是葡萄牙人。其他諸如鈕釦、焦糖、南瓜、汗衫、杯子、麵包、雨衣、天婦羅、香菸等許多日語詞彙，語源也都來自葡萄牙文。

所謂大航海時代，是從葡萄牙的航海王子恩里克（一三九四～一四六〇）成功開發非洲航路開始。因應此潮流，葡萄牙的航海家瓦斯科．達伽馬跟著到達印度，把鐵砲傳到日本的也是葡萄牙人。此外，雖然將基督宗教傳入日本的沙勿略是西班牙人，不過他搭乘的是葡萄牙籍的船。

葡萄牙的建國與海外經營，都是為了對抗伊斯蘭所進行收復失地運動（復國運動）。在該運動的核心角色雷昂・卡斯提爾王國之中被稱為名君的阿方索六世，其王妃就是法國王室分家勃艮第公爵家（跟在百年戰爭時期興盛的同名家族沒有血緣關係）出身的康斯坦薩王妃。

這位康斯坦薩把勃艮第公爵家的幼子、亦即她的姪子亨利（葡語發音為恩里克）叫來西班牙。亨利和阿方索的私生女德蕾莎結婚，並且被封為葡萄牙伯爵（一〇九三年），領地在當代的葡萄牙北部。

亨利之子阿方索・恩里克戰績亮眼，先在奧里基戰役中打敗伊斯蘭教徒，又於一一四九年攻下里斯本，後被羅馬教皇認可其為葡萄牙國王（一一七九年），成為阿方索一世。葡萄牙王國在一二四九年時攻下伊斯蘭勢力的最後據點錫爾維什和法魯，並把首都從科英布拉遷到里斯本（一二五五年）。

科英布拉位於葡萄牙的中北部，以大學之都聞名。里斯本則是位於太加斯河河口北岸小山丘上的城鎮，腓尼基人曾住在此地，在羅馬及伊斯蘭時代則已發展成重要都市。里斯本曾在一七五五年大地震毀滅，但其後的復建計畫非常完善，在防災史上極有名。該地斜坡很多，付費電梯是廣泛使用的移動器具；建築物上則大量運用磁磚，醞釀出獨特的南國風情。

一二九七年，葡萄牙透過奧卡尼塞許條約，跟西班牙的卡斯提爾王國明定了國境，直到現在兩國依然遵守規定，被稱為歐洲最老的國境線。之後，葡萄牙的親卡斯提爾派和反對派發生爭議，佩德羅一世的私生子若昂一世力抗卡斯提爾的干涉，開拓阿維斯王朝（一三八五年），著名的航海王子恩里克就是若昂一世的三男。

在里斯本，航海王子恩里克的紀念碑與開拓印度航路的瓦斯科·達伽馬之墓（熱羅尼莫斯修道院）相對而立，成為代表性的觀光景點。恩里克為了延續收復失土運動，原本將格拉納達當成目標，但又想避免和同有此意的卡斯提爾起爭執，於是在一四一四年攻擊非洲的休達，後來更進一步嘗試南下大西洋沿岸。

然而南下航行的路程非常艱難，季節性北風不斷阻撓。他們因為逆風而無法向北返航，於是轉而登陸馬德拉（一四一九年）、博哈多爾角（一四三四年）以及維德角（一四四四年），其後透過和西非內陸的交易得到大量金錢。恩里克在一四六〇年到達獅子山，同年於該地過世。大約三十年後，葡萄牙航海家巴爾托洛梅烏．迪亞士發現了好望角。

一四九八年，瓦斯科．達伽馬在馬林迪雇用基督教徒當領航員到達南印度的科澤科德，就此展開新的印度貿易路線，不必透過被阿拉伯人掌握的仲介貿易。

不過，此時葡萄牙人只在沿岸地帶設置幾個區域不大的據點，並和內陸的住民做交易，以提供物資和武器來換取奴隸。一直到許久之後的十九世紀，歐洲人才掀起帝國主義旗幟，真正進入內陸並瓜分非洲大陸。

葡萄牙的殖民據點，以非洲加納的埃爾米納（一四八二年）為開端，接著依序為印度的果阿（一五一〇年）、麻六甲（一五一一年）、忽里模子（一五一五年）、可倫坡（一五一八年）、摩鹿加（一五二二年）、澳門（一五五七年獲得居留權）。印度的孟買原本也是由葡萄牙人開港，不過在葡萄牙公主和查理二世結婚時，孟買被當成嫁妝送給英國。

雖然中國只承認朝貢貿易，葡萄牙還是因為協助中國擊退倭寇，而成功將澳門轉為居留地（一五五七年）。不過中國官吏撤出、澳門真正殖民地化，是在鴉片戰爭後的一八八七年。

葡萄牙的全盛時期為十七世紀初，隨後荷蘭急起直追並進行侵攻，導致葡萄牙勢力圈飽受威脅。安哥拉、斯里蘭卡（錫蘭）、麻六甲等地都被荷蘭奪走，儘管葡萄牙最後取回安哥拉，可是包含麻六甲的馬來半島全區和斯里蘭卡，後來都被英國搶走。

葡萄牙王子即位，巴西帝國成立

由於西班牙西行開發出通往「亞洲大陸」（實為美洲大陸）的新航路，在鹽野七生的小說中極有名的切薩雷・波吉亞之父——教皇亞歷山大六世就介入此事，於一四九四年在西班牙中部的托爾德西里亞斯，簽訂了將當時的新世界一分為二的條約（圖二、第十二章圖三），決定西經四十六度三十七分以東為葡萄牙、以西為西班牙的勢力範圍。

因為南美大陸的形狀向東突出，於是大陸東部的三分之一變成葡萄牙領土。今日巴西這塊土地，其實是名叫卡布拉爾的葡萄牙冒險家在一五〇〇年時「發現」的，後來加以殖民成為巴西。最初是以馬德拉島帶來的甘蔗做為主要產物，並利用印地安人當勞力，但不久後便從非洲帶來黑人奴隸取代。

巴西最初的首都是東北部的薩爾瓦多。巴西東北部的一部分曾經割讓給荷蘭，不過之後又歸還給葡萄牙。此外，葡萄牙也在一六八〇年時違反了和西班牙所簽訂的托爾德西里亞斯條約，於拉布拉他河對岸設立科洛尼亞・德爾・沙加緬度。後來因為發現了金礦，人口開始向南遷移，於是里約熱內盧就成了首都（一七六四年）。

在南美地區，西班牙的中南美殖民地分裂成許多國家而獨立，但巴西依然維持整體化的狀態，還擁立葡萄牙皇太子當君主，自稱巴西帝國（一八二二年）。如此一來，南美大部分都是西班牙語系，巴西則是葡萄牙語系，並且是南美最大的國家。

在葡萄牙國內，十六世紀時西班牙國王菲利浦二世因母親為葡萄牙王家出身，後來兼任葡萄牙國王。由於是共主邦聯，葡萄牙得以維持獨立，三代總共傳承六十年，到了一六四〇年，分家的布拉干薩公爵被擁立為若昂四世。布拉干薩家族的祖先是若昂一世的私生子，歷年來數度與王室聯姻。

後來為了對抗和法國合作的西班牙，葡萄牙與英國聯盟，但這使得葡萄牙被納入自由貿易體制，妨礙到國內的產業發展，所以這個聯盟似乎不太有利。此外，葡萄牙壟斷巴西貿易的優勢也逐漸崩解。

由於拿破崙戰爭時本土淪陷，葡萄牙國王移居到里約熱內盧（一八〇八年），巴西文明因此得到明顯發展。於一八一五年，巴西被升格到和葡萄牙對等的地位（葡萄牙・巴西聯合王國）。

一八二一年，葡萄牙・巴西國王若昂六世回到里斯本，巴西轉由皇太子佩德羅攝政。隔年佩德羅宣布巴西獨立，自稱巴西皇帝。在一八二六年若昂六世駕崩後，佩德羅的弟弟米格爾和他爭鬥，最後由佩德羅之女瑪麗亞二世成為葡萄牙女王。與此同時，巴西侵攻原西班牙領地的諸國擴大領土。

一八八九年，因軍事政變推翻帝政，巴西轉為共和政體。

母國軍事政變導致殖民地接連獨立

一九〇八年，葡萄牙國王和皇太子在里斯本遭到暗殺，雖然王位由曼努埃爾二世繼承，但兩年後他就被革命推翻，逃亡到英國，葡萄牙王朝就此終止。

之後，曾任財政部長並成功重建經濟的大學教授安東尼奧．德．薩拉查，於一九三二年就任總理，建立名為「新國家」（Estado Novo）的獨裁體制，並在第二次世界大戰宣布中立以維持獨裁。薩拉查在戰後將許多葡萄牙人送往殖民地，不打算放棄那些地方，但鎮壓殖民地起義對母國造成嚴重負擔，導致一九七四年發生軍事政變（康乃馨革命）。之後除了將殖民地交由民政府管理，也承認其獨立。

現在的葡萄牙本土位於伊比利半島的西海岸，為一塊南北五百公里、東西一百五十公里左右的長方形土地。順帶一提，位於半島西北部一角的西班牙加利西亞地區，其中心都市為基督教朝聖勝地聖地亞哥─德孔波斯特拉，不過該地區的方言類似葡語。

海外殖民地的部份，葡萄牙目前仍保有大西洋上的馬德拉群島和亞速群島，兩島分別距離本土一千公里和一千五百公里。馬德拉群島自古就以甜葡萄酒聞名，也是足球明星克里斯蒂亞諾・羅納度的出生地。兩個群島皆為火山列島，亞速群島上的皮科山和富士山形狀極為相像。

最後，我簡單介紹一下在康乃馨革命之前葡萄牙所保有的殖民地情況。

幾內亞灣上的聖多美普林西比民主共和國，是葡萄牙人在一四六九年發現的島嶼。這裡曾是世界最大的甘蔗產地，許多來自非洲大陸的奴隸被帶到此地勞動。到十六世紀後半，世界第一的寶座被巴西取代，聖多美則轉型為將黑奴送至巴西的貿易基地。

維德角是位於維德角半島（塞內加爾）海上的群島，從一四四四年被發現以來，就因身為奴隸貿易的轉運站而繁榮，現在也以國際航路補給地聞名。百分之七十居民為白人、黑人混血的克里奧人。

幾內亞比索位於塞內加爾南方，葡萄牙於一四四六年發表領有宣言，成為奴隸貿易的據點。

安哥拉是一四八三年葡萄牙人建設要塞的地點，也是因奴隸貿易轉運而繁榮。現代的莫三比克和辛巴威國境，過去曾是興盛的穆塔帕王國。阿拉伯人在海岸地帶以索法拉、莫三比克為中心建立起貿易都市，不過是葡萄牙人在十七世紀中期真正奠立該地區的發展。葡萄牙想把從安哥拉到莫三比克間的區域都當成殖民地，沒想到為此出兵後，卻被想要連結從非洲南部開普敦到北側埃及一帶的英國抗議，最後只保留不相連的兩個區域。

東帝汶是葡萄牙位於東南亞的殖民地，長久以來似乎一直被人忽略。當長崎的出島、西帝汶、甚至是弗洛勒斯島和所羅門島都成了荷蘭的所有物（一八五九年），唯獨東帝汶一直由葡萄牙持有，直到一九七六年被印尼強行併吞。左派勢力東帝汶獨立革命陣線在當地處於優勢，西班牙教會也協助其抵抗印尼，後來更得到澳大利亞和葡萄牙的支援，使得東帝汶在二〇〇二年獨立。天主教教會的貝羅神父和獨立運動家若澤·拉莫斯·奧爾塔，都獲得諾貝爾和平獎。

澳門是葡萄牙人於一五一三年登陸之地。雖說一五五七年葡萄牙從明朝那裡獲得居留權，但土地領有權依然歸明朝所屬，明朝也在澳門開徵關稅。在一八四二年英國得到香港以後，葡萄牙也於一八四五年宣布澳門為「自由港」，拒絕向中國繳納關稅並趕走官員；一八八七年，葡萄牙取得澳門統治權，正式納為殖民地。一九八七年四月十三日，葡萄牙和中華人民共和國簽署歸還澳門的共同聲明，並於一九九九年十二月二十日，將澳門的行政管理權歸還給中華人民共和國，澳門被設置為特別行政區。

第14章

美國

正式名稱・英語正式名稱

美利堅合眾國・United States of America（USA）

別國語言的稱呼

America（英）、美國（中）、Etats-Unis（法）

首都

華盛頓D.C.

語言

英語

面積

九百六十二萬八千平方公里

人口

三億八百七十五萬人

貨幣

美元

國旗

星條旗

（橫條為獨立時的十三州，星星為現在的五十州）

國歌

星條旗

宗教

基督新教百分之五十八、天主教百分之二十一

民族

歐洲系白人百分之七十一

國慶日

七月四日（獨立紀念日）

圖1　美國的變遷

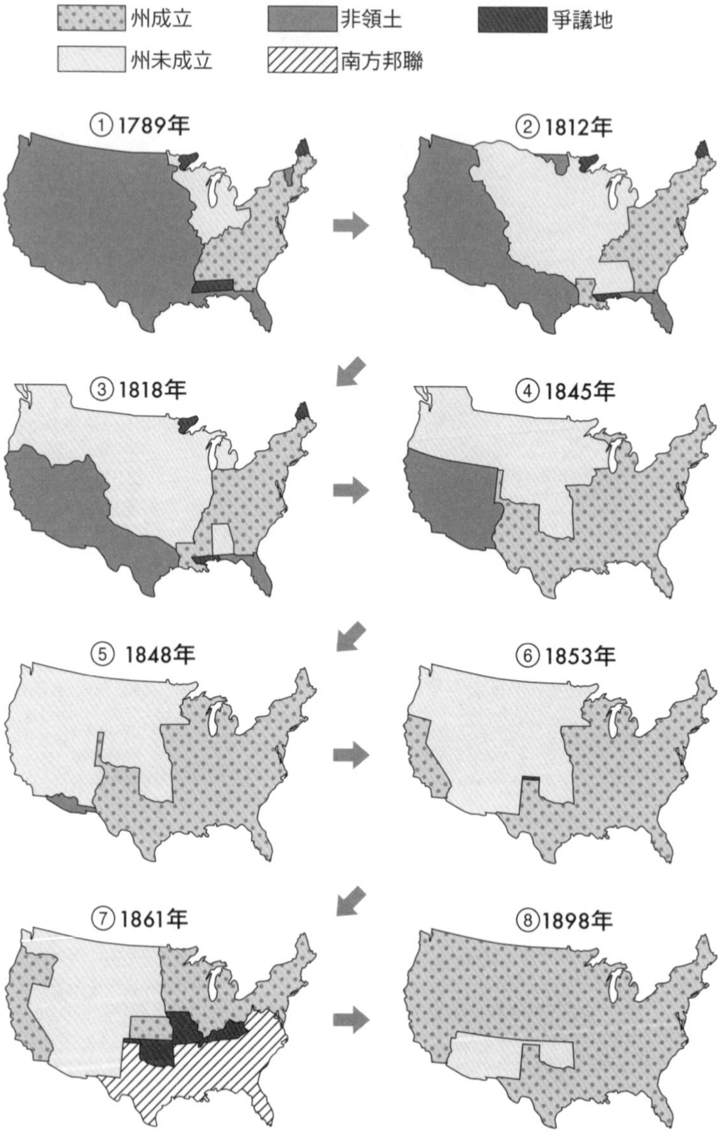

阿拉斯加於一八六七年合併，夏威夷於一八九八年合併

圖2　美國州名

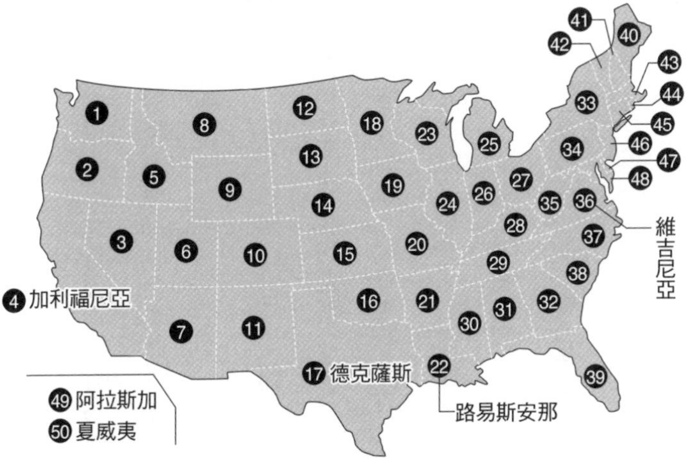

①華盛頓、②俄勒岡、③內華達、④加利福尼亞、⑤愛達荷、⑥猶他、⑦亞利桑那、⑧蒙大拿、⑨懷俄明、⑩科羅拉多、⑪新墨西哥、⑫北達科他、⑬南達科他、⑭內布拉斯加、⑮堪薩斯、⑯奧克拉荷馬、⑰德克薩斯、⑱明尼蘇達、⑲愛荷華、⑳密蘇里、㉑阿肯色、㉒路易斯安那、㉓威斯康辛、㉔伊利諾、㉕密西根、㉖印第安那、㉗俄亥俄、㉘肯塔基、㉙田納西、㉚密西西比、㉛阿拉巴馬、㉜喬治亞、㉝紐約、㉞賓夕法尼亞、㉟西維吉尼亞、㊱維吉尼亞、㊲北卡羅來納、㊳南卡羅來納、㊴佛羅里達、㊵緬因、㊶新罕布夏、㊷佛蒙特、㊸麻薩諸塞、㊹羅德島、㊺康乃狄克、㊻新澤西、㊼德拉瓦、㊽馬里蘭、㊾ 阿拉斯加、㊿夏威夷

圖3　美國領土

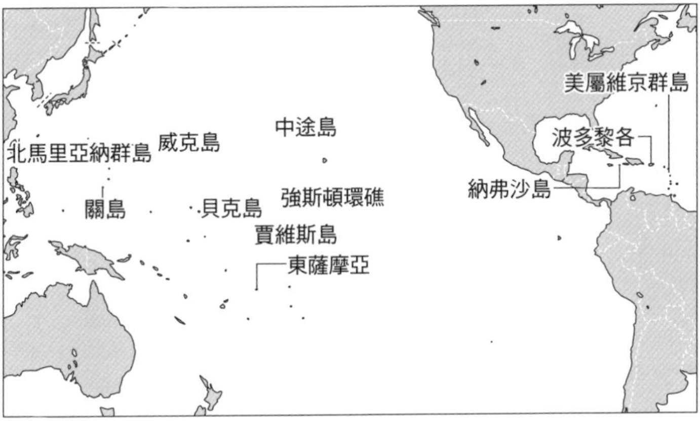

因殖民地合併、割讓、收購形成的合眾國

只要研究各國的專有名稱，例如俄羅斯聯邦和美利堅合眾國，就可以解讀出層層累積而成的歷史。此外，像○○共和國、○○聯邦這種通用名詞，背後也都有著故事。

外文名稱經過日文翻譯之後，難免會有不確切之處，因此出現許多不了解該國到底是什麼樣的國家的情形，其中最常被提到的就是美國。本多勝一先生撰寫的《美利堅合州國》（暫譯）曾引起話題，書中明確指出從歷史角度來看，美國建國並非奠基於崇高理想，只不過是由各州組成的聯邦等等。看完這本書以後，我深刻了解到「合眾國」這個名詞本身就是完全錯誤的闡釋。

讓我來說明「聯合國家」（日語中的「連合國」）這個翻法，為何會比「合眾國」更適合吧。這是因為參考英國的正式名稱是「聯合王國」（United Kingdom），而美國（United States）的英文名稱直譯是指「互相結盟的各州」（聯邦國家），而非「合

眾國」。合眾國完全是一個誤譯，若有機會我認為應該要加以修正。

「合眾國」這個稱呼很難讓人立即聯想到該國採用聯邦制，再加上美國是民主國家，搭配「合眾國」讓人困惑又容易誤解，因為從國名來看，美國和德國聯邦、俄羅斯聯邦本質上並無差別。「合眾國」若翻成英文，通常會翻譯為「人民共和國」（People's Republic），讓人誤會美國是左派路線國家，但這同樣不符現實。

美國獨立之初只有十三州，現在則有五十州（圖二），是藉由合併、割讓、買賣、分割等過程不斷增加而來，未來也可能加入波多黎各一帶。無論如何，大家該理解到，美國的聯邦權限只侷限在憲法上所列舉的項目；至於各州則不能逕行脫離聯邦，也不可制定違反聯邦法的法律。

美國並非只靠各「州」成立，具有各式各樣的領土稱呼。例如麻薩諸塞、賓夕法尼亞、維吉尼亞、肯塔基這四個州，正式名稱皆為聯邦（Commonwealth），這是因為歷史上他們老早就這麼自稱。此外，我們會將首都稱為華盛頓ＤＣ（華盛頓哥倫比亞特區，又稱華府特區），是因為北部的馬里蘭州和南部的維吉尼亞州各自提供土地，做為中立地帶共同設立首都。順帶一提，華府特區沒有參議員，只有眾議員，不過該眾議員僅為列席、不參與議決。

關島和薩摩亞被稱為「屬地」。居民沒有總統選舉權，只能進行諮詢投票（模擬投票），但不會併入選舉結果上。他們在眾議院雖然有議員代表，不過沒有投票權，這些都是源自西部開拓時代、某地區升格為州之前所使用的制度。此外，波多黎各和塞班等北馬里亞納群島稱為自由邦（共同體），和屬地同等級。

波多黎各一直以來都在辯論要成為第五十一州、獨立或是維持現狀，二〇一五年因財政破產而宣告債務不履行。無論如何，若升格為州，稅金自然會提高，這是波多黎各猶豫的理由之一。

殘留在州名中的殖民地時代痕跡

哥倫布率領西班牙船隊向西航行發現美洲大陸，他們原本是想開拓直達印度的航路。但對已在愛爾蘭殖民的英國人來說，出航的潛在動機在於發現新的殖民地；法國布列塔尼出身、對海洋有豐富好奇心的船員也有相同想法。

話雖如此，讓英國開始開拓新大陸的，是與哥倫布同樣生於義大利熱那亞的卡博托船團。他們於一四九七年登陸加拿大東南岸的布雷頓角島，隔年發現了德拉瓦和乞沙比克灣，這也是英國主張北美領有權的主要根據。

但英國真正進行殖民，是從一五九八年獲得伊莉莎白女王許可的沃爾特・雷利派遣探險隊到北卡羅來納的海岸，並以女王之名將該地命名為維吉尼亞開始。

之後，一六〇七年建立了詹姆斯鎮（維吉尼亞州），但因為那裡沒有高經濟價值的礦產和農作物，開發始終未見成效，後來是利用黑奴種植菸草才繁榮起來，棉花的種植也越來越廣泛。

一六二〇年，英國的五月花號載著有「朝聖先輩」之稱的清教徒前往麻薩諸塞進行開發。

紐約的起源是荷蘭人於一六一三年入駐曼哈頓島，之後又從原住民手上購得全島並興建新阿姆斯特丹。紐約出身的總統有西奧多．羅斯福和富蘭克林，其中羅斯福家族就是荷蘭名門後裔。由於紐約被夾在英國殖民地當中，不久就割讓給英國，當時英國國王查理二世將此處封給他的弟弟約克公爵（詹姆斯二世），紐約便以此為名。此外，德拉瓦原為瑞典殖民地，後來也被英國併吞。

於是，後來獨立成為十三州的殖民地就此誕生。

十八世紀後半，在北美地區的阿帕拉契山脈西側，來自東海岸的英國殖民者嘗試進駐俄亥俄地區，並與法國殖民者及其來自加拿大的印地安人盟友不斷爭鬥，最後引發英法北美戰爭（一七五五～六三，戰火延伸至歐洲演變成七年戰爭），最後是英國勝利。此時，維吉尼亞的農園主人喬治．華盛頓（一七三二～九九）以民兵大佐的身分打響了名聲。

沒想到勝利之後，英國本土卻冷落殖民地住民。維吉尼亞的地主（包含華盛頓在內）打算開拓阿帕拉契山脈西側，英國政府卻很厭惡此行為，害怕在北美東北部發展起來的工業會跟母國競爭，於是強行抑制殖民地發展。

此外，英國為了彌補戰費而在事後對美國殖民地加稅。在頒布對茶葉貿易徵稅的法令之後，當地居民在波士頓港喬裝成印地安人登上英國商船搗毀貨物，這就是波士頓傾茶事件。

在這些背景之下，美國獨立戰爭於一七七五年爆發。反英的法國自然是欣然支持獨立派，法國將軍拉法耶特也自願加入革命軍。接著在一七七六年七月四日的費城會議中，通過了傑佛遜所起草的美國獨立宣言。

獨立戰爭在一七八三年的巴黎和約中結束，美國獲得阿帕拉契山脈和密西西比河中間的區域（圖一之二），西班牙和法國則分別得到佛羅里達跟非州的塞內加爾。

之後，美國跟拿破崙買下密西西比以西的路易斯安那（一八〇三年，圖一之二），從西班牙購入佛羅里達（一八一九年，圖一之三），合併脫離墨西哥並成為獨立國家的德克薩斯（一八四五年，圖一之四），和英國協議確定俄勒岡的邊界並併入領土（一八四六年），又在美墨戰爭中得到加利福尼亞等地區（一八四八年），美國不斷擴大領土（圖一之五）。

這些新合併的地區依序成為各州，只不過要成立州份，必須達到一定人口數等標準，以及符合憲法明定之各州不一的嚴格同意條件，因此不可能在合併後就馬上升格。美國國旗星條旗（Stars and Stripes）上的五十顆星星，就是指現在的州數，而十三條橫線則代表最初的十三州。

順帶一提第十四州佛蒙特，是由新罕布夏州和紐約州之間境界紛爭成立的獨立國，後來變成新州。至於第十五州肯塔基，則是從佛蒙特分離出來。

此外，路易斯安那（第十八州）是第一個原為法國領土的州，其州名和路易十四有關，主要都市紐奧良的法文涵義是「新奧爾良」（La Nouvelle-Orléans）。那裡至今仍遵照《拿破崙法典》這部法式民法典的精神，在電影《慾望街車》中有這麼一段名句：「路易斯安那州以拿破崙法典為準則，丈夫財產為妻子財產，妻子財產為丈夫財產。」

第二十八州德克薩斯原為墨西哥領土，後來變成美國的一州，它曾經是獨立的國家。人口最多的加利福尼亞州是在美墨戰爭之後，由美國買入而成為第三十一州。

因奴隸制度而南北分裂

會把德克薩斯這個原西班牙／墨西哥領土合併到美國，是因為西班牙人本就沒有大量移民到此，而是利用當地印地安人經營殖民地。不過除非當地出產貴重礦物，通常這種放任式的開發措施成果有限，所以德克薩斯和加利福尼亞才會分別只有區區三千人與六千人。該地變成有強烈移民意志的盎格魯·撒克遜裔和德裔人士移居之地，也是很自然的發展。

德克薩斯併入後，美國便進一步侵略墨西哥。第十一任總統波爾克恐怕是美國史上最厲害的總統之一，他故意挑起國家之間的緊繃，巧妙地以美國受到墨西哥攻擊的形態引發美墨戰爭，獲得勝利後又透過一八四八年簽訂的瓜達盧佩—伊達爾戈條約，向墨西哥「購買」加利福尼亞而獲得土地。

併入加州的同一年，美國於該州發現沙金，掀起前所未見的淘金潮。第十四任總統皮爾斯用一千萬美元從墨西哥政府買下南亞利桑納和新墨西哥州，使南部的國境更加穩固。

關於奴隸制度的爭論，除了經濟方面的因素，也來自於是否要讓蓄奴州加入聯邦這個重大的政治問題。在堪薩斯和內布拉斯加，支持與反對奴隸制度的兩陣營為了在表決時獲得優勢，都派遣了大量的移民移往堪薩斯地區，導致引爆衝突、發生騷亂。而美國之所以沒有吞併中南美洲，據說理由之一是北方人認為該地區盛行奴隸制度，合併後會導致蓄奴陣營的實力增加。

最後，在反對蓄奴的林肯（一八〇九～六五）當選總統後，接受奴隸制的美國南部便宣佈獨立，演變成南北戰爭（一八六一～六五），結果是北軍獲勝。現在也有人說林肯的解放奴隸宣言，是為了讓南軍陷入混亂、使戰局有利才做的，但無論如何，最終都讓黑人男性獲得投票權利。

為了防衛菲律賓而兼併夏威夷

培理艦隊抵達日本是在南北戰爭前，內戰結束後，美國正式在太平洋擴展勢力。麥金利總統（一八四三～一九〇一）於一八九七年就任，他使美國成為帝國主義列強，位於阿拉斯加、北美最高峰德納利山的原名（麥金利山）便是源自於他。

關於古巴獨立，是美國以保護國民而派來的緬因號爆炸做為藉口，引發美西戰爭並得勝，讓西班牙人承認古巴獨立，但實質上是變成美國的保護國。和約上還包括至今仍有效力的關塔那摩基地（古巴）永久租借，以及割讓菲律賓、波多黎各。

後來美國又合併夏威夷王國（一八九八年），認為那是防衛菲律賓的必要之舉，這也成為日韓合併的先例。此外，美國藉由呼籲中國門戶開放，試圖彌補自身較晚成為列強一員的缺憾。

在林肯被暗殺之後，由副總統安德魯・詹森繼任，當朝的國務卿西華德以海洋帝國為目標積極行動，多虧他才能成功從俄羅斯手中買到阿拉斯加（一八六七年），不過他在議會中飽受責難，一直被嫌棄購入無價值的土地。

一九一二年，美國於沙漠的正中央設立亞利桑納州。之後將近半個世紀，美國穩定維持四十八州的組成，直到夏威夷和阿拉斯加於二戰後升格為州。

第一次世界大戰時，美國向丹麥購買大西洋上擁有重要戰略地位的維京群島，薩摩亞則是在一八九九年與德國的協議中兼併。

第二次世界大戰後，菲律賓的獨立獲得認可，日本於一戰後從德國那裡取得委任統治權的南洋群島，也改為交給美國託管。

雖然這些地方現在幾乎都獨立，不過北馬里亞納群島（如塞班島）依然由美國統治，關島也是同樣情形。

另外，雖說戰後沖繩和小笠原群島曾由美軍管治，不過兩者都已經歸還給日本。向英國借來的印度洋迪亞哥加西亞島，在阿富汗戰爭時為前導基地，是一座猶如不沈航空母艦般的島嶼。

古巴的關塔那摩基地，是美國向古巴永久租借的地區，不過古巴理所當然會要求歸還。另外，美國政府曾認為美國憲法效力並未延伸到此地，於是在這裡嚴厲拷問恐怖主義嫌犯及其他人士。

國家圖書館出版品預行編目（CIP）資料

從領土變遷看世界史：用14組地圖看懂當今區域紛爭與國際衝突/ 八幡和郎著；郭子菱譯. -- 初版. -- 臺北市：商周出版：家庭傳媒城邦分公司發行, 2017.09
面； 公分. -- (經典一日通叢書；B12043)
譯自：「領土」の世界史
ISBN 978-986-477-308-4(平裝)
1.世界史 2.世界地理 3.領土

710 106014558

經典一日通叢書 BI2043

從領土變遷看世界史：
用 14 組地圖看懂當今區域紛爭與國際衝突

原 書 名／「領土」の世界史
作 者／八幡和郎
譯 者／郭子菱
責任編輯／李皓歆
企劃選書／李韻柔
版 權／翁靜如
行銷業務／周佑潔、石一志

總 編 輯／陳美靜
總 經 理／彭之琬
發 行 人／何飛鵬
法律顧問／台英國際商務法律事務所 羅明通律師
出 版／商周出版
臺北市 104 民生東路二段 141 號 9 樓
電話：(02) 2500-7008 傳真：(02) 2500-7759
E-mail: bwp.service @ cite.com.tw
發 行／英屬蓋曼群島商家庭傳媒股份有限公司 城邦分公司
臺北市 104 民生東路二段 141 號 2 樓
讀者服務專線：0800-020-299 24 小時傳真服務：(02) 2517-0999
讀者服務信箱 E-mail: cs@cite.com.tw
劃撥帳號：19833503 戶名：英屬蓋曼群島商家庭傳媒股份有限公司城邦分公司
訂購服務／書虫股份有限公司客服專線：(02) 2500-7718；2500-7719
服務時間：週一至週五上午 09:30-12:00；下午 13:30-17:00
24 小時傳真專線：(02) 2500-1990；2500-1991
劃撥帳號：19863813 戶名：書虫股份有限公司
香港發行所／城邦（香港）出版集團有限公司
香港灣仔駱克道 193 號東超商業中心 1 樓
E-mail: hkcite@biznetvigator.com
電話：(852) 25086231 傳真：(852) 25789337
E-mail：hkcite@biznetvigator.com
馬新發行所／Cite (M) Sdn. Bhd.
41, Jalan Radin Anum, Bandar Baru Sri Petaling, 57000 Kuala Lumpur, Malaysia.
電話：(603) 9057-8822 傳真：(603) 9057-6622 E-mail: cite@cite.com.my

美術編輯／簡至成
封面設計／黃聖文
製版印刷／韋懋實業有限公司
經 銷 商／聯合發行股份有限公司 電話：(02) 2917-8022 傳真：(02) 2911-0053
地址：新北市 231 新店區寶橋路 235 巷 6 弄 6 號 2 樓

■ 2017 年 9 月 5 日初版 1 刷 Printed in Taiwan

ISBN 978-986-477-308-4
定價 360 元

城邦讀書花園
www.cite.com.tw

商周出版

廣	告	回	函
北區郵政管理登記證			
台北廣字第 000791 號			
郵資已付，免貼郵票			

104 台北市民生東路二段 141 號 B2

英屬蓋曼群島商家庭傳媒股份有限公司

城邦分公司

請沿虛線對摺，謝謝！

商周出版

書號：BI2043　**書名**：從領土變遷看世界史　**編碼**：

請於此處用膠水黏貼

商周出版

讀者回函卡

謝謝您購買我們出版的書籍！請費心填寫此回函卡，我們將不定期寄上城邦集團最新的出版訊息。

姓名：＿＿＿＿＿＿＿＿＿＿　性別：□男　□女

生日：西元＿＿＿＿＿年＿＿＿＿＿月＿＿＿＿＿日

地址：＿＿＿＿＿＿＿＿＿＿

聯絡電話：＿＿＿＿＿＿＿＿　傳真：＿＿＿＿＿＿＿＿

E-mail：＿＿＿＿＿＿＿＿＿＿

學歷：□ 1. 小學　□ 2. 國中　□ 3. 高中　□ 4. 大專　□ 5. 研究所以上

職業：□ 1. 學生　□ 2. 軍公教　□ 3. 服務　□ 4. 金融　□ 5. 製造　□ 6. 資訊
□ 7. 傳播　□ 8. 自由業　□ 9. 農漁牧　□ 10. 家管　□ 11. 退休
□ 12. 其他＿＿＿＿＿＿＿＿

您從何種方式得知本書消息？

□ 1. 書店　□ 2. 網路　□ 3. 報紙　□ 4. 雜誌　□ 5. 廣播　□ 6. 電視
□ 7. 親友推薦　□ 8. 其他＿＿＿＿＿＿＿＿

您通常以何種方式購書？

□ 1. 書店　□ 2. 網路　□ 3. 傳真訂購　□ 4. 郵局劃撥　□ 5. 其他＿＿＿＿

對我們的建議：＿＿＿＿＿＿＿＿＿＿

＿＿＿＿＿＿＿＿＿＿

＿＿＿＿＿＿＿＿＿＿

＿＿＿＿＿＿＿＿＿＿

【為提供訂購、行銷、客戶管理或其他合於營業登記項目或章程所定業務之目的，城邦出版人集團（即英屬蓋曼群島商家庭傳媒（股）公司城邦分公司、城邦文化事業（股）公司），於本集團之營運期間及地區內，將以電郵、傳真、電話、簡訊、郵寄或其他公告方式利用您提供之資料（資料類別：C001、C002、C003、C011等）。利用對象除本集團外，亦可能包括相關服務的協力機構。如您有依個資法第三條或其他需服務之處，得致電本公司客服中心電話02-25007718請求協助。相關資料如為非必要項目，不提供亦不影響您的權益。】

1. C001 辨識個人者：如消費者之姓名、地址、電話、電子郵件等資訊。
2. C002 辨識財務者：如信 用卡或轉帳帳戶資訊。
3. C003 政府資料中之辨識者：如身份證字號或護照號碼（外國人）。
4. C011 個人描述：如性別、國籍、出生年月日。

請於此處用膠水黏貼

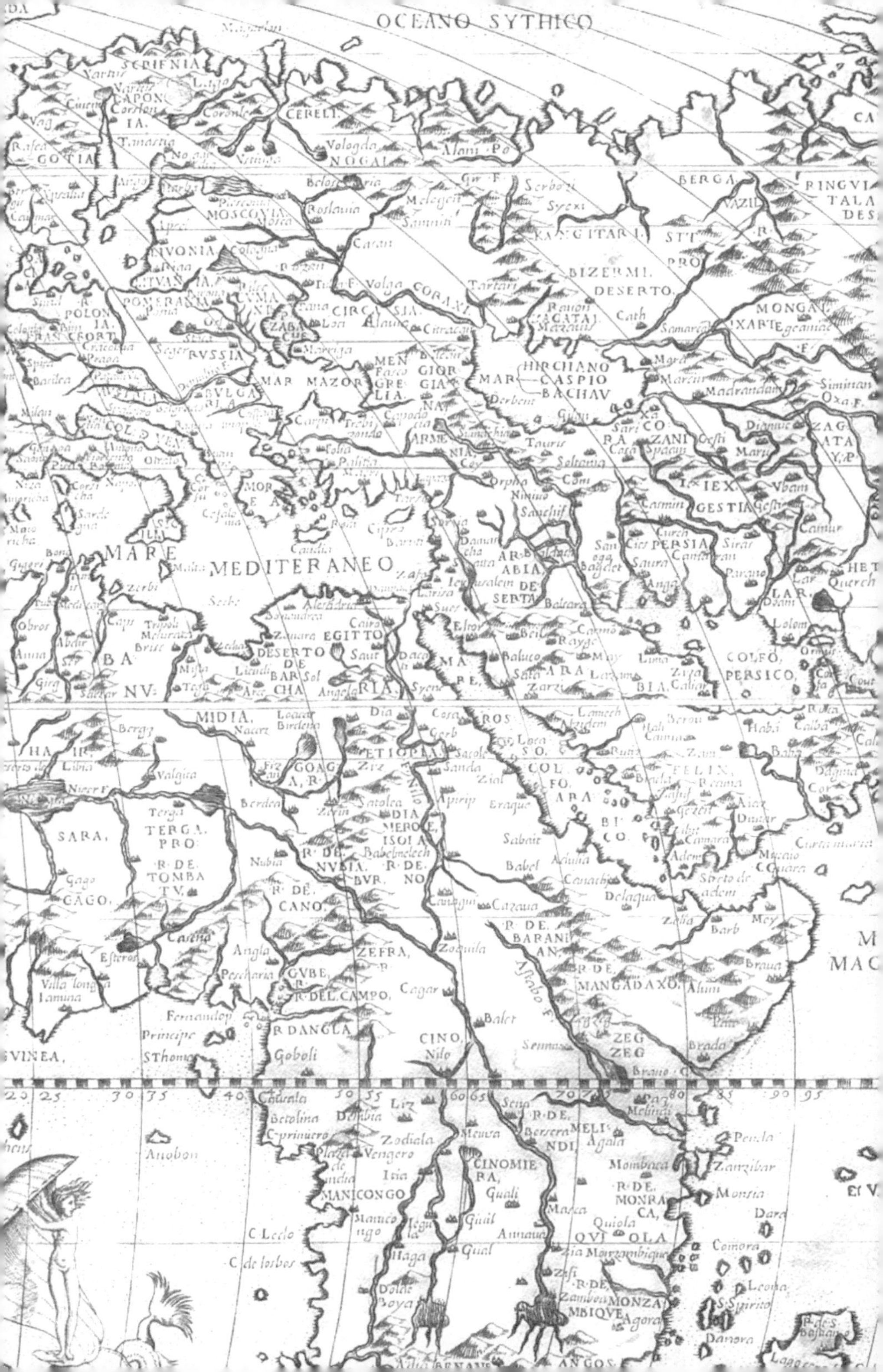
OCEANO SYTHICO
GOTIA
MOSCOVIA
CERELI
NOGAI
BERGA
RINGVI
BIZERMI.
DESERTO.
MONGAL
POLONIA
RVSSIA
CIRCASSIA
MAR MAZOR
BVLGARIA
GEORGIA
MAR CASPIO
ARMENIA
MARE
MEDITERANEO
ARABIA DESERTA
PERSIA
EGITTO
DESERTO DE BARCHA
GOLFO PERSICO
MIDIA
ETIOPIA
SARA.
TERGA.
GAGO.
R. DE NVBIA
R. DE CANO
ZEFRA
GVBE
R. DEL CAMPO
R. DANGLA
CINO
R. DE BARANIAN
R. DE MANGADAXO
ZEG ZEG
GVINEA
Principe
S Thome
Anobon
MANICONGO
CINOMIERA
R. DE MELINDI
Mombaca
Zanzibar
R. DE MONRACA
QVIOLA
Comora
R. DE ZAMBO
MONZAMBIQVE
20 25 30 35 40 50 55 60 65 70 75 80 85 90 95

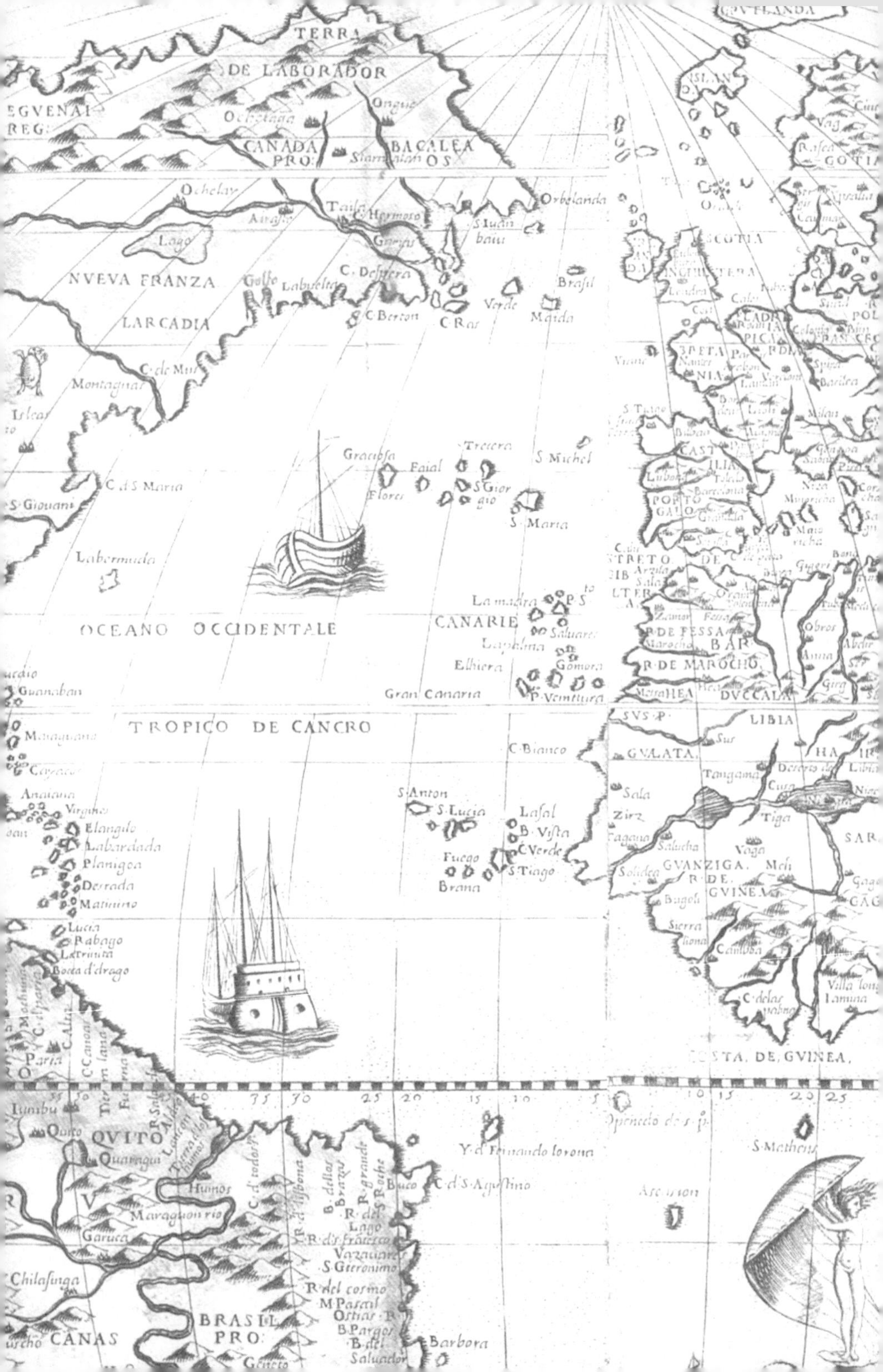
TERRA
DE LABORADOR
CANADA PRO
BACALEAOS
NUEVA FRANZA
LARCADIA
Lago
C. Desfera
C. Berton
C. Ras
Verde
Brasil
Maida
Orbelanda
SCOTIA
INGHILTERA
CASTILIA
PORTOGALO
STRETO DE GIB ALTERA
R. DE FESSA
R. DE MAROCHO
DUCCALA
C. d S. Maria
S. Giouani
Labermuda
Gratiosa
Faial
Flores
Trecera
S. Michel
S. Giorgio
S. Maria
OCEANO OCCIDENTALE
CANARIE
La madra
Saluares
Gomora
Elhiera
Gran Canaria
P. Ventura
TROPICO DE CANCRO
C. Bianco
LIBIA
GULATA
S. Anton
S. Lucia
Lasal
B. Vista
C. Verde
Fuego
S. Tiago
Brana
GUANZIGA
R. DE. GUINEA
Sierra liona
Virgines
Elangulo
Labardada
Planigoa
Desrada
Matinino
Lucia
Rabago
Latrinita
Bocca d'drago
Paria
Quito
QUITO
Maragnon rio
BRASIL PRO
CANAS
Chilasinga
Garuca
C. d S. Agostino
Y. d Fernando lorona
S. Matheus
Ascension
Barbora
COSTA. DE. GUINEA.